essentials

essentials liefern aktuelles Wissen in konzentrierter Form. Die Essenz dessen, worauf es als „State-of-the-Art" in der gegenwärtigen Fachdiskussion oder in der Praxis ankommt. *essentials* informieren schnell, unkompliziert und verständlich

- als Einführung in ein aktuelles Thema aus Ihrem Fachgebiet
- als Einstieg in ein für Sie noch unbekanntes Themenfeld
- als Einblick, um zum Thema mitreden zu können

Die Bücher in elektronischer und gedruckter Form bringen das Expertenwissen von Springer-Fachautoren kompakt zur Darstellung. Sie sind besonders für die Nutzung als eBook auf Tablet-PCs, eBook-Readern und Smartphones geeignet. *essentials:* Wissensbausteine aus den Wirtschafts-, Sozial- und Geisteswissenschaften, aus Technik und Naturwissenschaften sowie aus Medizin, Psychologie und Gesundheitsberufen. Von renommierten Autoren aller Springer-Verlagsmarken.

Weitere Bände in der Reihe http://www.springer.com/series/13088

Peter Welchering

Journalistische Praxis: Digitale Recherche

Verifikation und Fact Checking

 Springer VS

Peter Welchering
Welchering Medienbüro
Stuttgart, Deutschland

ISSN 2197-6708   ISSN 2197-6716   (electronic)
essentials
ISBN 978-3-658-30976-3   ISBN 978-3-658-30977-0   (eBook)
https://doi.org/10.1007/978-3-658-30977-0

Die Deutsche Nationalbibliothek verzeichnet diese Publikation in der Deutschen Nationalbibliografie; detaillierte bibliografische Daten sind im Internet über http://dnb.d-nb.de abrufbar.

Planung/Lektorat: Barbara Emig-Roller
Springer VS ist ein Imprint der eingetragenen Gesellschaft Springer Fachmedien Wiesbaden GmbH und ist ein Teil von Springer Nature.
Die Anschrift der Gesellschaft ist: Abraham-Lincoln-Str. 46, 65189 Wiesbaden, Germany

Was Sie in diesem *essential* finden werden

Digitale journalistische Recherche ist mehr als nur das Anwerfen von Suchmaschinen. Und es beschränkt sich auch nicht auf bloße Methoden der Faktenprüfung. Die Werkzeuge digitaler Recherche müssen in einem umfassenden Rechercheansatz verortet sein.

Erfolgreich digital recherchieren kann nur, wer die technischen, organisatorischen und inhaltlichen Grundlagen der entwickelten methodischen Ansätze und Werkzeuge kennt und ihre Anwendung stets berufsethisch reflektiert.

Sogenannte Fact Checker bezeichnen sehr oft das Verifizieren von Tatsachenbehauptungen als ihre Aufgaben. In der Praxis sieht das ganz anders aus. Da geht es um das Falsifizieren von Behauptungen und Artefakten. Gelingt es nicht, sie zu falsifizieren, steigt die Wahrscheinlichkeit, dass Dokumente, Videos, Fotos etc. nicht gefälscht sind. Eine wirkliche Verifikation gelingt nur ganz selten.

Für einige Recherchen können Server der Top-Level-Domain „.onion" hilfreich sein. Insgesamt aber wird rund um das sogenannte „Darknet" viel zu viel Aufsehen gemacht. Deshalb ist es so wichtig, die Zugangswege und Recherchemethoden auch in diesem Bereich zu kennen, um eine zutreffende Einschätzung für die eigene Arbeit vornehmen zu können.

Jeder Einsatz einer digitalen Recherchemethode muss ständig nach ethischen, journalistischen und wirtschaftlichen Kriterien bewertet werden.

Vorwort

Ohne Twitter, Facebook oder Blogs geht nichts mehr im Redaktionsalltag. Doch was dort zu lesen ist, muss nachrecherchiert werden. Genau damit aber tun sich viele Journalisten schwer. Nicht selten schrecken sie vor digitalen Recherchen zurück, weil sie sich allein durch die Bezeichnung „Boolesche Algebra für den Einsatz von Suchmaschinen" schon an düsterste Zeiten ihres Mathematikunterrichts erinnert fühlen. Digitale Recherchen haben für sie mit unverständlicher Informatik, der Mathematik-Hölle und anderen Qualen zu tun.

Diese Kolleginnen und Kollegen kann ich beruhigen. Grundlegende Vertrautheit mit mathematischem Denken kann digitale Recherchen erleichtern. Aber um Methoden der digitalen Recherche anwenden zu können, ist keinerlei höhere Mathematik vonnöten. (Das Beherrschen von Grundrechenarten dagegen ist schon verdammt hilfreich.) Andere Kollegen kann ich nicht beruhigen, nämlich diejenigen, die die Bedeutung einzelner Recherchewerkzeuge völlig verzerrt und damit überzogen darstellen. Das passiert auch, um das eigene Recherche-Geschäfts als sogenannter „investigativer Journalist" entsprechend anzukurbeln.

Natürlich kann es manchmal sinnvoll sein, zum Beispiel das TOR-Netzwerk zu nutzen, um eine Webadresse mit der Top-Level-Domain .onion aufzurufen und sich dort Dokumente anzuschauen. In der Regel braucht es für diese Vorgehensweise konkrete Hinweise auf die auf einem ganz bestimmten Server lagernden Dokumente. Der Hype, der um das sogenannte „Darknet" – das ist das Netzwerk der .onion-Server – gemacht wird, ist völlig übertrieben, wie so viele digitale Moden im Journalismus. Im Darknet bekommt der recherchierende Journalist das an Informationen, Dienstleistungen oder auch Produkten, was er im Frankfurter Bahnhofsviertel und ähnlichen Orten auch käuflich erwerben kann.

Auch das Versprechen, intime persönliche Details von Prominenten über Facebook Graph mal schnell nebenher einzusammeln, ist eines von der unseriösen Sorte. Interviewpartner lassen sich so unter Umständen finden. Wer in sozialen Medien jedoch private persönliche Daten sammeln will, muss dieselbe kriminelle Energie entwickeln wie in der analogen Welt.

Nicht selten wird digitale Recherche auch einfach auf das reduziert, was der Internet-Konzern Google an Werkzeugen bereitstellt. Das hat nicht nur damit zu tun, dass die gleichnamige Suchmaschine so bekannt ist, sondern viel mehr damit, dass Google in Medienhäusern und journalistischen Bildungsstätten Recherche-Seminare zum Nulltarif anbietet. In der Regel werden dort dann natürlich die Google-eigenen Werkzeuge angepriesen. Und schon entsteht der falsche Eindruck, digitale Recherche könne nur mit Werkzeugen aus dem Hause Google betrieben werden. Wer seine Rechercheergebnisse und Informanten schützen will, sollte ganz im Gegenteil sogar in den meisten Fällen davon absehen, Google-Werkzeuge in der digitalen Recherche einzusetzen.

Und ich muss in diesem Vorwort noch eine ganz wichtige Klarstellung treffen: Ich bin kein „investigativer Journalist". Ich arbeite als Journalist, habe Lehraufträge für „Digitale Forensik im Journalismus" und für „Online-/Offline-Investigation". Letzterer ist eher international ausgerichtet, deshalb ist da von „Investigation", statt von „Recherche" die Rede. Jeder Journalist, der seinen Beruf ernst nimmt, recherchiert ordentlich, setzt also auch Methoden der „Investigation" – vor mir aus auch „investigative Methoden" – ein. Wer das nicht tut, arbeitet nicht als Journalist, sondern macht etwas anderes. Erstaunlich viele Journalistendarsteller nennen sich allerdings tatsächlich „investigative Journalisten". Die wollen sich vermutlich irgendwie aufwerten. Deshalb schlage ich für solche Fälle ja die Verleihung des Titels „publizistischer Großinvestigator" vor. Dann könnten wir Journalisten uns wieder in aller Ruhe dem Handwerk der – digitalen – Recherche zuwenden.

Ostrhauderfehn und Stuttgart   Peter Welchering
Im Mai 2020

Inhaltsverzeichnis

Eine Beispielrecherche: Facebooks unternehmenseigener Nachrichtendienst

Anfang März 2019 haben wir in der samstäglichen Sendung „Computer und Kommunikation" im Deutschlandfunk über die weltweite Überwachungspraxis von Facebook berichtet. Es ging um eine „Beobachtungsliste", die die Sicherheitsabteilung von Facebook seit dem Jahr 2008 führt. Dort sind Gegner von Facebook verzeichnet. Einem ehemaligen Mitarbeiter des Facebook-Sicherheitsteams zufolge stehen mehrere hundert Namen auf der Liste. Darunter befinden sich ausgeschiedene Mitarbeiter und Menschen, von denen Facebooks Sicherheitsabteilung meint, sie könnten oder wollten dem Konzern in irgendeiner Weise schaden. Facebook äußert sich bislang nicht dazu, ob auch Namen von Journalisten auf der Liste stehen. Ein Ex-Mitarbeiter des Datengiganten hat mir zumindest bestätigt, dass im Jahr 2017 mein Name auf der Liste war.

Diese Beobachtungsliste von Facebook wird wöchentlich aktualisiert Menschen, deren Namen auf dieser Beobachtungsliste stehen, werden von Facebooks Sicherheitsabteilung ziemlich weitgehend überwacht, bis hin zur Ortung ihres jeweiligen Aufenthaltsortes via Smartphone. Der Hamburgische Beauftragte für Datenschutz und Informationsfreiheit nahm Ermittlungen auf, die noch andauern.

Erste Hinweise auf eine Überwachungsliste, die eine nachrichtendienstlich organisierte Abteilung von Facebook führe, erreichten mich im Herbst 2018. Ehemalige Mitarbeiter von Facebook wollten ihr Gewissen erleichtern und stellten mir Dokumente mit Überwachungsdetails in Zusammenhang mit der Sicherheitsliste zur Verfügung.

Sehr schnell stellte sich heraus, dass auch amerikanische Kollegen schon an der Geschichte recherchierten. In erster Linie ist dort Salvador Rodriguez zu nennen. Er war extrem schnell und brachte die Story bereits auf CNBC, als wir noch dabei waren, unsere Rechercheergebnisse wasserdicht abzusichern. Auf

P. Welchering, *Journalistische Praxis: Digitale Recherche*, essentials, https://doi.org/10.1007/978-3-658-30977-0_1

seine Berichte und Recherchen konnten wir uns allerdings nur bedingt beziehen, um einen wirklich gerichtsfesten Bericht abzuliefern. Wir haben Salvador Rodriguez als den maßgeblich recherchierenden Kollegen und dessen Beitrag auf CNBC aber natürlich in unseren Berichten stets zitiert.

Das Material, das uns die ehemaligen Facebook-Mitarbeiter zur Verfügung stellten, war detailreich. Wir konnten auch das allerdings nur zum Teil für die Berichterstattung verwenden, weil über dieses Material die Identität der Ex-Facebook-Mitarbeiter offenbar geworden wäre, die uns Informationen und Material zur Verfügung gestellt haben. Für die weitere Recherche ließ es sich entsprechend aufbereitet, um die Anonymität der Informanten zu wahren, allerdings sehr wohl einsetzen.

Beispiel: Die Gesamtrecherche teilte sich in vier Recherchestufen auf

Erste Recherchestufe: Profilbildung und Überwachung der Netznutzer durch Facebook, allgemeine Quellen, FB-Manager Richard Allan vor dem Innen- und Rechtsausschuss des Landtages von Schleswig-Holstein.

Zweite Recherchestufe: Bestätigung für die Existenz der Beobachtungsliste und der Ortung von Gegnern.

Dritte Recherchestufe: Hintergrundgespräche mit Datenschützern u. a. Prof Caspar.

Vierte Recherchestufe: Gespräch/Interview mit Facebook-Sprechern. ◄

In der ersten Recherchestufe half eine Recherche im Landtagsinformationssystem Schleswig-Holstein weiter. Umdruck 17/2684, eine Sitzungsvorlage für die 69. Sitzung des Innen- und Rechtsausschusses am 7. September 2011, enthält die Präsentation von Richard Allan, dem für Europa zuständigen Vizepräsidenten von Facebook, die er für seinen Vortrag vor den Parlamentariern benutzt hat. Hier räumt Allan immerhin schriftlich ein: „Wenn ein Nicht-Facebook-Nutzer eine Seite mit einem Like-Button besucht, erhalten wir bestimmte Daten über den Besuch inklusive Datum, Zeit, URL und den Browser-Typ."

Drucksachen von Landtagen und des Deutschen Bundestages enthalten oft Protokolle, Denkschriften oder Präsentationen, die für Recherchen unverzichtbar sind. Hier werden oftmals auch technische Details sehr ausführlich dargestellt und diskutiert. Außerdem liegen die entsprechenden Dokumente in der Regel als PDF vor, können also ohne großen Aufwand in die eigene Recherchedatenbank integriert und dort digital ausgewertet werden. Das erleichtert die Suche nach Zusammenhängen erheblich. Deshalb sind die parlamentarischen Informationssysteme für die Recherchearbeit unverzichtbar.

Die zweite Recherchestufe bestand im wesentlichen aus Gesprächen mit Informanten. Deren Dokumente mussten einem ersten Glaubwürdigkeitscheck unterzogen werden. Für die Erstuntersuchung reicht es dabei aus, die Dateien mit einem von jedem Betriebssystem bereitgestellten Editor aufzurufen. Je nach der verwendeten Kodierung ist vom Dokument dann nicht mehr viel zu lesen. Aber inmitten dieser unlesbaren Buchstaben-Ziffern-Kombinationen finden sich immer Angaben im Klartext dazu, mit welcher Software dieses Dokument erstellt wurde. Wer nach „Document Summary", „Origin" oder „Source" sucht, dürfte dann schnell fündig werden.

Die uns übergebenen Dokumente waren zum Teil mit Word2013, zum Teil mit Word2016 erstellt worden. Es handelte sich um Dokumente, die in den Jahren 2014–2018 erstellt worden waren. Dass ab dem Jahr 2017 Word2016 zum Einsatz gekommen war, war nachvollziehbar. Denn von einem Unternehmen wie Facebook wird natürlich der Einsatz der neuesten Software aus dem Hause Microsoft erwartet. Misstrauisch machte uns hingegen, dass nur zwei Dokumente das PDF-Format hatten, alle anderen Word-Dateiformate. Rückfragen bei unterschiedlichen Informanten und Gesprächspartnern ergaben, dass in der entsprechenden Abteilung von Facebook tatsächlich mit Word2013 und später mit Word2016 gearbeitet worden war. Interne Dokumente, so stellte sich in diesen Gesprächen heraus, wurden oft im Word-Format verschickt. Auch die Überprüfung von Text- und Zeichenformatierung mit anderen Facebook-Dokumenten ergab eine Übereinstimmung. Wir konnten also bei den uns übergebenen Dokumenten keine Fälschung erkennen.

In der dritten und vierten Recherchestufe waren vor allen Dingen klassische Interviewtechniken gefragt. Für die digitale Recherche aufschlussreich war lediglich der Austausch von E-Mails mit Mitarbeitern der Facebook-Pressestelle und nachgeordneten Agenturen. Denn anhand dieser Mails konnten wir Vergleichstests mit den uns von Informanten übergebenen Mails durchführen. Das hilft bei der Überprüfung auf Echtheit.

Gezielte Recherche auf Social-Media-Plattformen und in Blogs

Bei vielen aktuell arbeitenden Kolleginnen und Kollegen ist der Blick auf die Kurznachrichten von Twitter mindestens so wichtig geworden wie der Blick in das Angebot der Nachrichtenagenturen. Mitunter hat Twitter sogar schon Nachrichtenagenturen ersetzt. Zumindest wichtige Ereignisse erreichen Redaktionen und Journalisten über Twitter mit einem erheblichen Zeitvorsprung. Auch Trendthemen lassen sich auf Twitter gut ausmachen, Interviewpartner dazu finden und Diskussionen dazu verfolgen.

Wie das mit Diskussionsbeiträgen so ist, erinnert man sich dann zwar noch an die ungefähre Aussage, aber nicht mehr daran, wer es wann gesagt hat. Da hilft dann die unter der URL twitter.com/search-advanced zu findende Suchmaske von Twitter weiter. Sie erlaubt sowohl die Suche nach Zitaten, die zeitliche Eingrenzung, aber auch die Beschränkung auf bestimmte Accounts. Im journalistischen Alltag spart das sehr viel Zeit. Wer keinen Twitter-Account hat oder seinen eigenen nicht nutzen möchte oder kann, zum Beispiel, weil er von einem Account-Inhaber geblockt wurde, kann unter twitter.com/explore alle Tweets aller Accounts anschauen.

Um möglichst viel über einen Account bzw. den Account-Inhaber in Erfahrung zu bringen, ist der Einsatz der Analysewerkzeuge von twitonomy. com empfehlenswert. Auf diese Weise erfährt der Rechercheur nicht nur, an welchen Wochentagen und zu welchen Zeiten der Account aktiv ist, wieviele Tweets pro Tag er absetzt, wie oft die retweeted, favorisiert oder beantwortet werden und von wem, sondern auch, in welchem Netzwerk er sich bewegt und was seine Follower so treiben.

Über die Follower eines Accounts lassen sich dann weitere Details zum Account-Inhaber recherchieren. Teilweise geht das ganz direkt per Suchmaschine, aber auch über das Lesen derer Blogs. Über die Impressumsangaben

P. Welchering, *Journalistische Praxis: Digitale Recherche*, essentials, https://doi.org/10.1007/978-3-658-30977-0_2

von Blogs lassen sich auch Mail-Adressen oder Telefonnummern recherchieren, um mit einzelnen Followern dann direkt Kontakt aufzunehmen.

Wer sich nur für die Aktivitätszeiten von Accounts interessiert, der arbeitet effizient mit Tweetstats. Damit lassen sich die Aktivitäten an den unterschiedlichen Wochentagen und über die Tage verteilt ermitteln. Foller.me und followerwonk.com stellen ebenfalls Analysewerkzeuge für einzelne Accounts zur Verfügung, die aber weniger detailreiche Ergebnisse liefern als twitonomy. Mit tweetbeaver.com können gemeinsame Follower von Accounts recherchiert werden. Da sich die Daten als csv-Datei herunterladen lassen, können anschließend Beziehungen zwischen Nutzern und Vernetzungen ziemlich genau analysiert werden.

Mitunter ist es wichtig zu erfahren, wer als Erster eine bestimmte Aussage getroffen oder etwas zu einem bestimmten Thema getwittert hat. Das lässt sich mit Ctrlq.org/first/ ermitteln. Die Antwortzeiten hier sind aber recht lang.

Neben Twitter hat sich das Fediversum mit Mastodon etabliert Das ist ein Mikroblogging-Dienst, der im Jahre 2016 als dezentrale soziale Plattform auf der Basis freier Software entwickelt wurde. Die Nutzer können einer Instanz, wie zum Beispiel chaos.social oder der vom Verein Digitalcourage betriebenen Instanz beitreten oder auch eine eigene Instanz aufbauen. Die spannende Diskussion über bedeutende Software-Projekte, Datenschutzfragen oder aktuelle Hacks werden eher von Nutzern dieses Mikroblogging-Dienstes diskutiert als auf Twitter, wohingegen auf Twitter eher Leute unterwegs sind, die beruflich mit Kommunikation zu tun haben.

Facebook Graph zählt zu den nützlichen, aber vollkommen überschätzten Recherche-Werkzeugen. Bei der Suche zum Beispiel nach Einwohnern von Hamburg, die jünger als 30 Jahre und älter als 18 Jahre sind, hilft Graph sehr gut. Um solch eine Suchanfrage absetzen zu können, muss der Anwender Facebook vorgaukeln, er sei ein amerikanischer Nutzer. Denn offiziell funktioniert der Graph-Service nur in den USA. Das hat zur Folge, dass die Spracheinstellung des Anwenders, der den Dienst nutze möchte, US-Englisch sein muss, und natürlich müssen auch die Anfragen in englischer Sprache formuliert sein. Henk van Ess hat unter graph.tips/beta eine Suchmaschine zur Arbeit mit Facebook Graph bereitgestellt, die recht hilfreich ist. Weiterentwickelt wurde diese Maschine von Daniel Endresz und Dan Nemec. Sie ist unter whopostedwhat.com erreichbar. Die Benutzeroberfläche für dieses hilfreiche Werkzeug hat Tormund Gerhardsen beigesteuert.

Mit linkedin.com/search lassen sich persönliche Profile recherchieren Wer also zum Beispiel Interviewpartner sucht, die bei Skype gearbeitet haben und jetzt für den Videokonferenzanbieter Zoom tätig sind, wird hier fündig. Ich betreibe meinen Linkedin-Account seit einem massiven Datenzwischenfall im Jahr 2017 nur noch passiv und nutze ihn nur noch für Personenrecherchen vom PC aus. 2017 hatte Linkedin trotz anders gewählter Einstellungen Zugriff auf das Adressbuch meines Smartphones und versandte an alle dort Verzeichneten Werbemails. Ich hatte damals sehr viel zu erklären.

Als Social-Media-Plattform der ersten Stunde dürfen zweifelsohne die Usenet-News-Gruppen gelten. Die wurden in den 1980er-Jahren als eine Art Schwarzes Brett eingerichtet. Inzwischen existieren acht thematische Hauptgruppen, nämlich für Computerthemen (comp), zu Wissenschaft und Technik (sci), Gesellschaft (soc), Freizeit und Kultur (rec), Geisteswissenschaften (humanities) und natürlich das Usenet selbst (news). Als große Sammelkategorie existiert dann auch noch die Sparte „Vermischtes" (misc). Daneben hat sich als der etwas anarchische Teil des Usenet die Hierarchie .alt etabliert. Im deutschsprachigen Teil des Usenet werden unter de.comp und de.sci Computerthemen bzw. wissenschaftlich-technische Fragen diskutiert.

Vor allen Dingen bei der Expertensuche habe ich mit den Usenet-Newsgroups hervorragende Erfahrungen gemacht. Selbst für absolute Spezialthemen wird man dort fündig. Am 11. September 2011 half meinen Kollegen und mir eine Recherche in den Usenet Newsgroups, einen ganz erstaunlichen Experten zu finden. Nach dem Terrorangriff mit zwei Flugzeugen auf das World Trade Center kollabierten die Gebäude in erstaunlich kurzer Zeit. Die Frage an unser Wissenschaftsjournalistenbüro lautete: Warum?

Abends noch Experten in Deutschland ans Telefon zu bekommen, war ein ziemlich sinnloses Unterfangen. Wir versuchten das natürlich dennoch, stellten aber auch eine allgemein gehaltene Anfrage ins Usenet ein, ob uns jemand erklären könne, wieso die Stahlkonstruktionen der Twin Towers so rasch versagten. Zuvor hatten wir mehrere Suchanfragen zum Thema „Stahlkonstruktionen und Feuerfestigkeit" gestellt und waren dabei auf verschiedene Namen von Experten gestoßen, die wir dann anmailten.

Einer dieser Experten gab uns den Namen und die Mailadresse eines Kollegen im Ruhestand, der aber viele Jahre auf genau diesem Gebiet gearbeitet hatte. Es stellte sich dann heraus, dass dieser Experte als junger Ingenieur in der Planungsgruppe beim Bau der Twin Towers für den Feuerschutz zuständig gewesen war. Er konnte unsere Fragen also aus erster Hand beantworten. Als etwas schwierig und für Hörfunkjournalisten nervig erwies sich, dass dieser Experte seinen Ruhestand auf dem Lande verbrachte und nur über eine extrem wackelige Mobilfunkverbindung zu erreichen war. Daran konnte auch das Usenet leider nichts ändern.

Insgesamt erweisen sich auch bei weniger brisanten Themen und spektakulären Beiträgen Anfragen an das Usenet stets als ausgesprochen ergiebig. Selbst sehr abgelegene Fragen etwa zur Reparatur einer Ölpumpe bei einem älteren Volkswagenmodell sind von engagierten Usenet-Nutzern technisch korrekt beantwortet worden. Am einfachsten ist der Zugang ins Usenet über groups.google.com.

Newsletter und Blogs helfen in den meisten Rechercheangelegenheiten ebenfalls weiter. Ich nutze allerdings nur wenige Blogs regelmäßig. Zumeist prüfe ich, ob der Inhaber eines Twitter-Accounts auch einen Blog betreibt, wenn ich durch dessen Tweets auf interessante Themen oder Tatsachen aufmerksam werde. Dabei hilft übrigens namechk.com. Dieser Webdienst überprüft, ob Namen von Accountinhabern bei Twitter auch in anderen Netzwerken zu finden sind und weist auch auf Blogs hin. Allerdings liefert namechk.com sehr viele falschpositive Meldungen. Über die Impressumseinträge von Blogs lässt sich dann in der Regel leicht ein persönlicher Kontakt per Telefon oder Mail herstellen. Das hat oft zu spannenden Interviews oder erhellenden Hintergrundgesprächen geführt.

Auch beim Bezug von Newslettern bin ich zurückhaltend. Ich habe tatsächlich nur ein halbes Dutzend dauerhaft abonniert. Gute Ausgangspunkte für eine Suche nach lohnenden Newslettern im Rahmen eines Rechercheprojektes sind Twitter und Linkedin. Wann immer möglich werte ich die entsprechenden Newsletter dann auf den Seiten der Anbieter aus. Wenn ich sie per Mail beziehen muss, überlege ich sehr genau, ob ich diese dann aus recherchetaktischen Gründen unter einem Alias beziehe.

Recherche im sogenannten „Darknet" und „Deep Web" 3

Den Durchbruch brachten Dokumente, die auf einem Server im Dark Web gespeichert waren. Unter der Web-Adresse zqwtlvo7fecvo6ri.onion fanden die Journalisten des Deutschlandfunks im Sommer 2015 Dokumente, aus denen genau hervorging, wie Schlepperbanden ihr Geschäft aufgebaut und organisiert hatten.

Die Übergabezeiten und -orte einzelner Flüchtlingsgruppen an die nächste Schleusereinheit waren zum Beispiel akribisch auf sogenannten „Transfer-Bögen" verzeichnet. Die wurden von Verwaltungsmitarbeitern in der Schleuserzentrale im gleichnamigen Verzeichnis abgelegt. Die Einsatzleiter der Schleuser vor Ort hatten Zugriff auf den Kommunikationsserver im sogenannten Dark Web.

In diesem Schattenreich des Internet gelten tatsächlich ein paar eigene Gesetze So sind die Server nur via Web-Adressen erreichbar, die aus Prüfsummen über einen öffentlichen Krypto-Schlüssel gebildet werden. Die Entwickler des TOR-Netzwerkes trauen nämlich den herkömmlichen Zertifizierungsstellen für Verschlüsselung nicht. Die wurden zu oft gehackt oder haben unberechtigte Zertifikate ausgestellt, sodass die darüber abgesicherte Datenkommunikation nicht mehr sicher war. Nachrichtendienste, Kriminelle und teilweise sogar Privatdetektive konnten mitlesen.

Deshalb werden die Namen für die Web-Adressen im TOR-Netzwerk so aufwendig aus Prüfsummen berechnet. Das macht sie ausgesprochen kryptisch. Web-Adressen im TOR-Netzwerk kann man sich auch deshalb nur schwer merken. Facebook hat für seine Web-Adresse im TOR-Netzwerk viele tausend Rechenstunden aufgewendet, um mehrere Millionen von Schlüsseln zu erzeugen, bis die einigermaßen sinnvolle und noch gerade merkbare Zeichenkette

© Der/die Herausgeber bzw. der/die Autor(en), exklusiv lizenziert durch Springer Fachmedien Wiesbaden GmbH, ein Teil von Springer Nature 2020
P. Welchering, *Journalistische Praxis: Digitale Recherche,* essentials,
https://doi.org/10.1007/978-3-658-30977-0_3

„facebookcorewwwi" dabei herausgekommen ist, die sie jetzt als Adresse im Darknet verwenden.

Die Abkürzung TOR steht für „The Onion Routing", und bei diesem Onion-Routing werden die Datenpäckchen tatsächlich mit so einer Art Onion- oder Zwiebelschicht überzogen. Die Datenpäckchen, die zum Beispiel via TOR-Netzwerk transportiert werden, werden in der Regel über drei Anonymisierungsserver geschickt.

Hintergrundinformation: Recherche-Start im Darknet
Den TOR-Browser kann man sich vom Server des TOR-Projektes „torproject.org" herunterladen. Alle wichtigen Erweiterungen sind hier schon zu einem Paket zusammengeschnürt. Nach der Installation des TOR-Browser-Pakets kann es dann losgehen mit den Recherchen. Die Adresse „zqktlwi4fecvo6ri.onion" bietet dabei eine Online-Enzyklopädie zum Darknet, genannt Hidden-Wiki. Es ist über die Web-Adresse „zqktlwi4fecvo6ri.onion/wiki/index.php/Main_Page" direkt aufrufbar.
Das IT-Sicherheitsunternehmen Hyperion Gray hat im Januar 2018 Screenshots von knapp 7000 Onion-Websites gemacht und daraus eine Art Scroll-Karte erstellt. Sie ist abrufbar unter www.hyperiongray.com/dark-web-map.

Jedesmal werden die ankommenden Datenpäckchen auf einem solchen Anonymisierungsserver noch einmal extra verschlüsselt und in ein Tarn-Datenpäckchen eingebettet. Dabei werden auch die ursprünglichen Kopfdaten des Datenpäckchens, wie zum Beispiel die Original-Internet-Protokolladresse des Absenders verschlüsselt und durch die Nutzung des Tarn-Datenpäckchens gegen eine andere Adresse ausgetauscht.

Im TOR-Netzwerk kennt jeder Netzwerkknoten nur den vorherigen und den nächsten Netzknoten, über den das Datenpäckchen verschickt wird. Deshalb hat sich das TOR-Netzwerk zu einem attraktiven Kommunikationsmedium ganz unterschiedlicher Aktivistengruppen entwickelt.

Um sich im TOR-Netzwerk zu bewegen, brauchen Internet-Surfer den TOR-Browser. Das ist eine angepasste Version eines Firefox-Browsers, mit dem alle Server mit der Endung .onion angesurft werden können. Die gesamte Kommunikation im Onion-Netzwerk alias Darknet läuft über den TOR-Browser. Und ein großer Teil der Informationen, die dort verfügbar sind, ist für die journalistische Arbeit hochrelevant.

Redaktionen, die davon profitieren wollen, schicken nicht nur ihre Redakteure regelmäßig auf Rechercherеisen ins Darknet, sondern unterhalten dort auch eigene Briefkästen, damit Informanten unüberwacht Dokumente und anderes Material an die Redaktionen schicken können. Die New York Time betreibt solch einen Briefkasten genauso wie der Heise-Verlag mit seinen Technik-Fachzeitschriften.

Hintergrundinformation: Geschützte Kommunikation im Darknet
Ein Briefkasten für Redaktionen im Darknet, den Whistleblower nutzen können, ohne ihre Anonymität zu gefährden, bietet die Freedom oft he Press Foundation mit Securedrop an. Die aktuelle Version stammt aus dem Juli 2019.
Securedrop.org oder secrdrop5wyphb5x.onion.
Als Direkteinstieg für geschützte Chats mit Informanten und anderen empfiehlt sich MadIRC, erreichbar unter qj3m7wxqk4pfqwob.onion.

Facebook bietet seinen Nutzern unter der bekannten Adresse facebookcorewwwi.onion einen sogenannten Hidden Service, also versteckten Dienst an, um sicherzustellen, dass Sicherheitsbehörden nicht überwachen können, wer gerade auf welche Facebook-Seite oder -Gruppe zugreift.

Die Anonymität des Nutzers selbst ist zwar spätestens mit der Anmeldung bei Facebook aufgehoben. Wichtig ist hier nur, dass kein Dritter sehen kann, dass da jemand Facebook nutzt. Für diesen Hidden Service setzt Facebook dieselben Methoden ein, wie sie auch die anderen Darknet-Dienste oder Marktplätze nutzen. Genau diese Dienste haben auch Schleuser-Organisationen genutzt. Um recherchieren zu können, wie die Schleuser genau vorgehen, waren Recherchen auf diesen Marktplätzen nötig.

Europol hatte deshalb die in Italien angesiedelte Ermittlereinheit gegen Schleuserkriminalität auch extra um Cybercrime-Experten erweitert. Gemeinsam mit Finanzspezialisten versuchen sie, die Hintermänner der Schlepperorganisationen ausfindig zu machen, indem sie Zahlungs- und Datenströme und aufdecken und verfolgen.

Doch der Zugriff auf die Dateien der Schleuser war mehrfach abgesichert. Nur hin und wieder, wenn ein Mitarbeiter einer Schlepperorganisation mal schlampig gearbeitet und die Excel-Liste mit Namen, Routen und der zeitlichen Zuordnung zu einzelnen Schleppereinheiten nicht ordentlich gesichert hatten, fanden die Fahnder von Europol mal solche Dokumente.

Werbung, Organisation der Routen, Abrechnung und die Betreuung der potenziellen oder bereits geworbenen Flüchtlinge – alles wurde online abgewickelt. Zugriff auf die Organisationspläne dafür, auf Kalkulationen für die Schleusungen und auf sogenannte Transit-Ablaufpläne bekamen die an der Schlepper-Story recherchierenden Journalisten erst, nachdem ihnen ein Informant die Serveradresse im Darknet und die Zugangsdaten verraten hatte.

Im Schleusergeschäft wurden 2015 sehr erfolgreich Crowdworking-Modelle angewandt. Der Übersetzer, der den Facebook-Post mit den aktuellen Reiserouten ins Arabische übersetzte, war via Twitter angeheuert worden. Die Schleusereinheiten, die Flüchtlinge jeweils auf einer Teilroute begleiteten, erhielten ihre Jobs nicht nur durch die direkte persönliche Ansprache, sondern auch per Whatsapp.

Die IT-Experten, die dann die gesamte Kommunikationsstruktur auf Facebook und Twitter, via Whatsapp und die Server im Darknet betreuten, wurden auf denselben Dienstleistungsplattformen im Internet angeheuert, auf denen auch Entwickler von Schadsoftware ihre Dienstleistungen anboten und noch heute anbieten.

Doch das Geschäft stand und fiel mit dem erfolgreichen Verkauf der Passagen. Hier fuhren die Schlepperorganisationen zweigleisig. Neben direkten Angeboten vor allem auf Facebook veröffentlichten sie auch gezielt Tweets und Posts von zum Beispiel angeblich in Deutschland Angekommenen, die ein völlig unrealistisches Bild von den hiesigen Verhältnissen zeichneten.

Für die Verkaufswerbung hatten die Chefs der Schlepperorganisation regelrechte Mediapläne ausgearbeitet. Auch die waren auf dem Server im TOR-Netzwerk abgespeichert. Ebenso fanden sich Excel-Arbeitsblätter mit den Verkaufszahlen der einzelnen „Vertriebsbeauftragten" der Schlepperorganisation.

Nur weil die Schlepperorganisation ihre Verwaltungsunterlagen so akribisch auf einem Darknet-Server gespeichert hatte, konnten die recherchierenden Journalisten sich ein umfassendes Bild über den „illegalen Reisekonzern" der Schlepper machen. Für Journalisten sind solche Server wahre Fundgruben.

Wer über die relevanten gesellschaftlichen, wirtschaftlichen und politischen Ereignisse umfassend berichten will, kommt um Recherchen in diesen Netzwerken nicht herum. „Wir nennen es das Darknet", meint Martin McKeay vom Web-Sicherheitsexperten Akamai und erläutert diesen unzugänglichen Bereich des Internet so: „Das ist eine Reihe von Systemen rund um den Globus mit geheimen Internet-Protokoll-Adressen und besonders abgesicherten Zugangsroutinen."

Online-Kriminelle nutzen solche versteckten Server als Sammelstellen für erbeutete Passwörter, Kreditkartendaten oder Zugangsinformationen für das Online-Banking. Sie infizieren Anwender-PCs mit Computerviren. Diese Viren laden weitere Schadsoftware herunter. Und diese Schadsoftware wiederum spioniert persönliche Zugangsdaten aus, damit andere Täter mit diesem Wissen später Bankkonten leer räumen, Mail-Postfächer kidnappen, Rechner kapern und in ein Botnetz übernehmen können und vieles mehr.

Die von Anwender-PCs frisch erbeuteten Zugangsdaten, zum Beispiel Kontodaten mit persönlicher Identifikationsnummer (PIN), werden verschlüsselt an ein Dutzend unterschiedliche Sammelserver geschickt. Weil dieser verschlüsselte Versand aber keinen sehr hohen Schutz vor Entdeckung bietet, werden diese Kontendaten von den Sammelservern in besondere Tarn-Datenpäckchen mit gefälschter Internet-Protokoll-Adresse im Absender- und Empfängerfeld gepackt und dann an Hochsicherheitsserver im Darknet weitergeschickt.

Deshalb werden diese Sammelserver auch als Eingangstore ins Darknet bezeichnet. Denn der besonders getarnte Weiterversand der Beutedaten, die noch einmal extra verschlüsselt werden, ist nur mit einem enorm großen Aufwand nachzuverfolgen.

So getarnt landen die Daten schließlich auf speziellen Auktionsservern. Kontenzugangsdaten von Girokonteninhabern bei deutschen Sparkassen werden hier für Preise zwischen 85 US-Cent und 1,50 US$ gehandelt. Kontenzugangsdaten bei exklusiveren Bankhäusern bringen es auch schon einmal auf fünf bis sechs Dollar.

Hintergrundinformation: Recherchieren in Darkzones
Darknet-Server und Server-Gruppen werden auch Darkzones genannt. Das sind zum einen reine Sammelstellen im Netz, die zum Beispiel alle von Spionagesoftware erbeuteten Zugangsdaten speichern und verstecken. Dabei werden die Dateien mit zum Beispiel erbeuteten Kreditkarteninformationen in mehrere kleine Dateien aufgeteilt und verschlüsselt auf verschiedenen Servern gespeichert. Auf alle diese Server kann über eine einheitliche Internet-Protokolladresse zugegriffen werden. Dabei werden die Internet-Protokolle des World Wide Web und die File Transfer Protokolle (FTP) genutzt. Das Inhaltsverzeichnis der zerstückelten verschlüsselten Datei liegt auf einem eigenen Server. Ohne dieses Inhaltsverzeichnis kann eine solche in der Darkzone gespeicherte Datei nicht wieder zusammengesetzt werden.

Wer bei diesen Auktionen mitbieten will, braucht eine Internet-Protokoll-Adresse im Darknet, muss also von einem Server aus operieren können, dessen Internet-Protokoll-Adresse gleichfalls unveröffentlicht ist und der nur über besonders gesicherte Zugangsrouten zu erreichen ist.

Eine solche Zugangsroute bieten beispielsweise Anonymisierungsnetzwerke und Dienste wie TOR, Pemar oder Mixminion. Damit sind die Versandrouten von Daten praktisch nicht mehr nachzuverfolgen, weil jedes Datenpäckchen mehrfach verschlüsselt und alle Angaben über Empfänger, Absender, Beförderungsweg und -art bewusst verfälscht werden, um Datenspione und -Detektive in die Irre zu führen.

Solche Anonymisierungsserver und eigene virtuelle private Netzwerke, die extrem gut getarnt sind, nutzen aber nicht nur Online-Kriminelle. Auch Cybermilitärs aus mittlerweile 150 Staaten dieser Erde bevölkern mit ihren Angriffsservern das Darknet. Schließlich sind dort auch noch zahlreiche Bürgerrechtler, Netzaktivisten und Hacker unterwegs.

Syrische Oppositionsgruppen betreiben etwa mit Unterstützung westeuropäischer Aktivisten einige.

Server im Darknet, um Dokumentationsvideos mit Gräueltaten von Regierungstruppen außer Landes schaffen zu können und um die unterschiedlichen Widerstandsgruppen in Syrien koordinieren zu können.

Berichte aus der Türkei über Verhaftungen von oppositionellen Politikern und Journalisten erreichen Redaktionen in Westeuropa oftmals über Darknet-Kommunikationskanäle. Auch die Wikileaks-Betreiber um Julian Assange hatten ihre Dateien mit belastendem Material auf eigens gesicherte Server im Darknet gespeichert. Die NSA-Dokumente von Edward Snowden dürften auch an einem solch sicheren und dunklen Ort im Netz der Netze liegen.

Whistleblower haben übrigens das Darknet sozusagen gegründet „Die ersten Darknet-Server sind 1999 von Programmierern auf Wave und Freenet eingerichtet worden, um Whistleblower besser schützen zu können", berichtet der amerikanische Programmierer Matt Wood. Er und sein Kollege Billy Hoffmann haben mit Veiled eine sehr weit verbreitete Darknet-Software programmiert, mit der Zugangswege browserbasiert mit erträglichem Programmieraufwand abgesichert werden können. Das erlaubt auch Anwendern, die nicht gerade über ausgebuffte Hacker-Kenntnisse verfügen, sich Wege ins Darknet zu bannen und die dort verfügbaren sicheren Server zu nutzen.

Die Nachfrage nach solcher Software steigt. Denn Menschenrechtsorganisationen, Aktivistengruppen und Oppositionsbewegungen wollen sich besser gegen die Überwachung von Geheimdiensten absichern und schützen. Auch die ersten forschungsintensiven Unternehmen haben inzwischen nach den Enthüllungen über die Datenspionage der NSA und anderer Dienste mit Veiled und verschiedenen Anonymisierungsdiensten einen Teil ihrer Datenhaltung und Kommunikation ins Darknet verlegt. Sie wollen damit der Industriespionage vorbeugen, handeln sich dafür aber eine nicht immer unproblematische Nachbarschaft ein.

Wer also recherchieren will, welche Hacks gerade angesagt sind, wer den Lieferwegen von Waffen für Terroranschlägen nachgehen will, wer Dokumente von Whistleblowern erhalten will, die großen Wert auf den Schutz ihrer Identität legen, der braucht einen Zugang ins TOR-Netzwerk. „Für die Kommunikation mit Bürgerrechtlern ist das TOR-Netzwerk häufig alternativlos", meint Robert Dingledine, einer der Entwickler des Anonymisierungsnetzwerkes.

Das haben natürlich auch Nachrichtendienste und andere Sicherheitsbehörden verschiedener Staaten erkannt. Sie versuchen immer wieder, die sogenannten Darknet-Technologien besser zu kontrollieren. Die amerikanische National Security Agency hat damit angefangen, das TOR-Netzwerk zu unterwandern. Sie richteten einfach eigene TOR-Ausgangsserver ein, um darüber spionieren zu können. Das haben die meisten Nachrichtendienste inzwischen nachgemacht.

Hintergrundinformation: Die NSA und ihre Fahndungssoftware gegen Darknet-Rechner

Richtig wehmütig wirkte Troels Oerting, Leiter des Europäischen Zentrums zur Bekämpfung der Cyberkriminalität der europäischen Polizeibehörde Europol mit Dienstsitz in Den Haag, als er gefragt wurde, ob seine Behörde nicht schon seit Jahren gegen die National Security Agency wegen Datenspionage ermitteln würde. Das Mandat von Europol decke derartige Ermittlungen nicht ab. Gleichwohl ließ Troels Oerting keinen Zweifel daran, dass er weitere Details zur Leistungsfähigkeit des NSA-Überwachungsprogramms XKeyscore gern ermitteln würde.

Denn die 700 Überwachungsserver, auf denen XKeyscore an 150 Standorten weltweit installiert ist, können Anonymisierungsserver identifizieren und die dort gespeicherten Daten mitlesen. Das machte die Darknet-Server angreifbar. Inzwischen ist aber die Zugangssoftware zum Darknet über solche Anonymisierungsserver aufgerüstet worden. Die Verpackung der Datenpäckchen in Tarn-Datenpäckchen findet inzwischen nicht erst auf dem Anonymisierungsserver statt, sondern bereits auf dem PC des Darknet-Besuchers. Auf dem Anonymisierungsserver wird dann ein weiteres Mal getarnt und natürlich auch verschlüsselt. Inzwischen dürfte ein Teil des Darknet auch für die Datenspione von der NSA tatsächlich wieder ein dunkler Ort sein, in den sie nicht hineinschauen und mitlesen können.

Denn wenn die Kommunikationsdaten das TOR-Netzwerk über einen solchen Ausgangsserver verlassen, um an eine herkömmliche Internet-Adresse geschickt zu werden, kann der Betreiber des TOR-Ausgangsservers die Zieladresse ermitteln. Er weiß allerdings nichts über den Absender. Dennoch können solche Aktionen zum Beispiel zur Enttarnung eines Whistleblowers führen.

Deshalb haben die Betreiber des TOR-Netzwerks ein Schutzwerkzeug gegen Ausgangsserver entwickelt, die von Nachrichtendiensten oder Sicherheitsbehörden betrieben werden. Das Tool heißt TOR consensus health und sucht stündlich nach neu eingerichteten Ausgangsservern. „Stellt TOR consensus health dann Unregelmäßigkeiten fest, schauen wir uns die Ausgangsserver genauer an", meint TOR-Entwickler Robert Dingledine. So soll das TOR-Netzwerk geheimdienstfrei bleiben.

Dennoch ist Vorsicht angesagt. „Zum Beispiel Journalisten müssen bei ihrer Arbeit im TOR-Netzwerk einige Sicherheitsanforderungen beachten, damit sie ihre Recherchen oder Informanten nicht gefährden", meint der Informatik-Professor Hartmut Pohl aus Sankt Augustin bei Bonn. Pohl hat mit den Mitarbeitern seines Sicherheitsunternehmens Softscheck GmbH schon so manches Medienhaus beraten. So sollten etwa Smartphones beim Surfen mit dem TOR-Browser im Darknet einige Meter von Laptop oder PC entfernt liegen.

Hintergrundinformation: Honigtöpfe als Fallen im Darknet
Polizeiarbeit ist wie jede Recherchearbeit im Darknet eine aufwendige Angelegenheit. Die Datenspuren auszuwerten, die auf einem beschlagnahmten Server gefunden werden, führt meist nicht zu gerichtsfesten Beweisen. Deshalb arbeiten die Experten der Sicherheitsbehörden gern mit einer Falle namens Honeypot – Honigtopf. Damit simulieren sie das Verhalten eines Internet-Nutzers, der unglaublich unvorsichtig im Internet unterwegs ist.

Dieser angebliche Internet-Nutzer hat keine Sicherheitssoftware auf seinem Rechner, öffnet alle Anhänge von E-Mails, auch solche, auf denen „I love you" steht. Er macht also sicherheitstechnisch gesehen alles falsch, was man falsch machen kann, und ist somit ein attraktives Opfer für Internet-Kriminelle. Dahinter verbirgt sich aber eine Simulationssoftware auf einem Server. Und auf diesem Server liegt weitere Sicherheits- und forensische Software, sodass die Internet-Protokoll-Adresse und ähnliche Daten der Online-Betrüger ermittelt werden können. Bei sehr leicht zugänglichen Servern im Darknet ist deshalb für recherchierende Journalisten gesunde Skepsis angebracht.

Mit der von Vasilios Mavroudis entwickelten Methode kann nämlich sonst die persönliche Identität des Journalisten vor dem Computer ermittelt werden. Die von Mavroudis entwickelte Methode erzeugt für den Menschen nicht hörbare Ultraschallsignale. Die Website, die der Journalist in seinem Browser gerade aufgerufen hat, sendet diese Signale über den Lautsprecher des Computers an das Smartphone des vor dem Rechner sitzenden Journalisten und ermittelt über diesen Kommunikationskanal die Gerätenummer und auch die Telefonnummer.

Wer aber solche Sicherheitsanforderungen bei seinen Recherchen bedenkt und seine journalistische Arbeit verantwortungsvoll absichert, kann mit dem TOR-Browser sichere Kommunikation mit seinen Informanten aufbauen. Die ganze Informationsfülle des Darknet steht hier recherchierenden Journalisten zur Verfügung.

Damit Medien im demokratischen Rechtsstaat ihre Wächterfunktion wahrnehmen können, sind Recherchen im Darknet unverzichtbar. Wie zum Beispiel die Geschichte über den Jugendlichen, der bei einem Amoklauf im Juli 2016 neun Menschen im Münchner Olympia-Einkaufszentrum tötete. Wie der an seine Waffe gekommen ist, konnte erst durch solche Recherchen im Darknet aufgedeckt werden.

Was zurzeit in Syrien passiert, mit welchen üblen Methoden die türkische Regierung Journalisten verfolgt, was wirklich bei Demonstrationen in Moskau passiert – alle diese Geschichten wurden erst über Recherchen mit dem TOR-Browser und im TOR-Netzwerk möglich.

Vom Umgang mit Suchmaschinen 4

Ein Großteil der Kollegen verwechselt tatsächlich die digitale Recherche mit dem Anwerfen einer Suchmaschine. Und bei den Suchmaschinen wiederum meint eine weitere Mehrheit der Kollegen, dass die Nutzung von Google nicht nur angesagt, sondern geradezu alternativlos sei. Dieser Trend hat sich noch verstärkt, seit Google in Medienhäusern und Einrichtungen der journalistischen Aus- und Fortbildung kostenlos Recherche-Seminare und entsprechende Webinare durchführt.

Dort werden natürlich die von Google bereitgestellten digitalen Recherche-Tools vorgestellt. Und hier steht die Suchmaschine im Mittelpunkt. Denn für Google laufen solche „Medienseminare" natürlich unter der Kostenstelle „Marketing". Sie wollen möglichst viele Journalisten auf ihre Seiten mit den hübsch aufgemachten Recherche-Tools ziehen. Das bringt Traffic und Daten. Und mit der Weiterverarbeitung und -vermarktung dieser Daten verdient Google natürlich Geld.

Dabei gibt es Alternativen zu Google Und das sollten nicht unbedingt die Suchmaschinen von Microsoft namens Bing oder Yahoo als Teil von Oath sein. Yahoo verlangt sogar für die Nutzung der Suchmaschine Zugriff auf das Gerät und erhebt Standortdaten. Bing von Microsoft verfährt ähnlich wie Google und erstellt aus den Suchdaten Profile. Diese Profile sind der Werbeindustrie lieb und teuer.

Dagegen verzichten Suchmaschinen wie Fireball, Metacrawler, Meta-Spinner, Search oder Duckduckgo auf eben eine solche Profilbildung. Sie löschen die Anfragedaten einfach nach Beendigung der Sitzung. Das bedeutet allerdings keineswegs, dass man mit diesen Suchmaschinen anonym arbeiten kann. Spätestens wenn ein Link zu einem Suchergebnis aufgerufen wird, werden

© Der/die Herausgeber bzw. der/die Autor(en), exklusiv lizenziert durch Springer Fachmedien Wiesbaden GmbH, ein Teil von Springer Nature 2020
P. Welchering, *Journalistische Praxis: Digitale Recherche,* essentials,
https://doi.org/10.1007/978-3-658-30977-0_4 17

personenbezogene Daten wie die Internet-Protokolladresse weitergeleitet. Lediglich die beiden Suchmaschinen Startpage (früher: ixquick) und Metager verzichten darauf und erlauben einen anonymen Aufruf der Treffer.

Neben diesen Universal-Suchmaschinen sind auch noch einige Maschinen für Sondersuchen verfügbar. Nicht nur Hörfunk-Journalisten schätzen spaactor.com, eine Suchmaschine für das gesprochene Wort. Sie bietet schon mit der Suchmaske einen gewissen Recherchekomfort, lassen sich doch hier Sprache, Suchzeitraum und die zu durchsuchenden Kanäle direkt angeben und einstellen. Bei den Universal-Suchmaschinen müssen dafür Operatoren eingesetzt werden.

Unter 4chansearch.com lässt sich das Bulletinboard 4chan durchsuchen Das ist ganz hilfreich, weil die auf 4chan geführten politischen und technischen Diskussionen meist sehr ausufern, und die Suchmaschinen so das Lesen vieler Threads erspart. Bei der Recherche, was nun eigentlich genau hinter dem Entzug der Akkreditierung von 32 Journalisten auf dem G20-Gipfel im Jahr 2017 in Hamburg steckt, hat die zielführende Suche auf dem Board 4chan sehr geholfen. Denn dort haben sehr viele extrem gut informierte Aktivisten ihr Wissen über politische und Verwaltungshintergründe rund um den G20-Gipfel geteilt. Das hatte auch damit zu tun, dass Absprachen über Demonstrationen, Aktionen einzelner zivilgesellschaftlicher Gruppen hier geteilt und teilweise über das Board gesteuert wurden.

Und so war, kurz nachdem 32 Journalisten die Akkreditierung entzogen war, auch sofort eine sehr lebhafte Debatte über Namensverwechslungen, falsche und illegale Einträge in Sicherheitsdateien und massive methodische Fehler bei der Übertragung von polizeilichen Feststellungen vor Ort in einzelne Sicherheitsdateien auf dem Board zu beobachten.

Solche Fehler haben letztlich dazu geführt, dass Polizisten insgesamt 32 Journalisten am Eingang zum Medienzentrum in Hamburg unzulässig die Akkreditierung abgenommen haben. So wurde dem NDR-Journalisten Christian Wolf die Akkreditierung aufgrund einer sogenannten „Open-Source-Intelligence" entzogen. Die Verfassungsschützer durchsuchen ständig alle möglichen sozialen Netze. In verschiedenen Blogeinträgen und auch Facebook haben sie daraufhin den Namen Christian Wolf mit Bezügen zu den sog. „Reichsbürgern" identifiziert. Dieses Material aus Social Media Plattformen ist dann einfach ohne weitere Quellenkritik in eine Sicherheitsdatei eingespeist worden. Und so wurde durch einen technisch bedingten Fehler bei der Dateneinspeisung aus dem NDR-Journalisten Christian Wolf der Reichsbürger Wolf. Das BKA hat sich dann später für diese „Namensverwechslung" entschuldigt.

Nicht selten landen in dieser Straftäterdaten die Namen von völlig unbescholtenen Bürgern, die niemals wegen einer Straftat vor einem Gericht standen und gegen die auch kein Ermittlungsverfahren läuft. Dem liegt ein methodischer Fehler zugrunde.

Zum einen werden sogar Anmelder von Demonstrationen und sogenannte „Prüffälle" in diese Straftäterdatei aufgenommen. Zum anderen werden auch Namen aus Projektdateien übernommen, die das Bundesamt für Verfassungsschutz gemeinsam mit dem Bundeskriminalamt führt.

Ausgangspunkt für sehr umfassende Recherchen waren die auf 4chan geführten Diskussionen darüber. Die wurden dann durch Auswertungen von Bundestagsdrucksachen, Prüfberichten und anderen Verwaltungsdokumenten ergänzt, die über die Parlamentarischen Informationssysteme der Landtage und des Bundestages getätigt wurden.

Den Streit, ob diese Parlamentarischen Informationssysteme nun schon zum sogenannten Deep Web gezählt werden, weil die Crawler und Robots der konventionellen Suchmaschinen sie nicht oder nur bruchstückhaft auswerten, will ich hier ganz bewusst nicht führen. Es sei nur darauf verwiesen, dass jeder Landtag hier einen Dokumentenschatz bereitstellt, der für die journalistische Arbeit unentbehrlich ist, aber von zu vielen Kollegen zu selten genutzt wird.

Bei der Faktenprüfung müssen oft ergänzende Videos nach Geodaten gesucht werden, um bestätigendes oder widerlegendes Material zu erhalten. Dabei hilft die von Google bereitgestellte Suchmaschine für Youtube-Videos, die nach Geodaten aufschlüsselt namens montage.meedan.com. Nutzer müssen sich dort mit ihrem Google-Account dort anmelden.

Die meisten Suchmaschinen arbeiten mit Boolescher Algebra Das hört sich komplizierter an, als es im Alltag ist. Werden Suchbegriffe mit dem Operator „and" verbunden, so suchen die Algorithmen nach allen diesen Wörtern. Alle Suchbegriffe müssen also in einem Dokument oder auf einer Seite enthalten sein, damit sie als Treffer angezeigt wird. Dadurch lässt sich vermeiden, von einer zu großen Trefferzahl regelrecht „erschlagen" zu werden. Werden Suchbegriffe mit dem Operator „or" verbunden, reicht es, wenn das eine oder das andere Suchwort gefunden werden, um einen Treffer anzuzeigen.

Mitunter möchte man auch einen Begriff auf einer bestimmten Website suchen, die aber keine eigene Suchroutine vorhält. Auch das machen Suchmaschinen. Die zusätzliche Angabe „site:welchering.de" sucht einen Begriff nur auf der Seite www.welchering.de. Ähnlich lässt sich die Suche auf bestimmte Dateiformate (nur pdf oder nur mp4 usw.) einschränken, wenn der Filetype-Operator gesetzt wird. Filetype:xls würde demzufolge nur Dateien mit

Excel-Datenblättern liefern. Wer ein Zitat mit einer Suchmaschine finden will, ist gut beraten, die einzelnen Wörter des Zitats oder bei genauer Kenntnis das Zitat insgesamt in Anführungszeichen zu setzen. Da sind Suchmaschinen im Schreiballtag besser als jede Zitatensammlung.

Bei Zweifeln an der genauen Schreibweise eines einzelnen Wortes in solch einem Zitat empfiehlt sich die Verwendung von Platzhaltern. Bei den meisten Suchmaschinen ist das der Stern (*), neudeutsch auch Wildcard-Operator genannt. Suche ich zum Beispiel nach dem Buch „Die Krisis der Europäischen Wissenschaft" und bin mir aber nicht mehr sicher, ob der Autor von der Krise oder Krisis geschrieben hat, setze ich einfach einen solchen Platzhalter: Kris*. Die Suchmaschine findet dann sowohl Krisis als auch Krise.

Ganz anders als herkömmliche Suchmaschinen im World Wide Web arbeiten Suchalgorithmen im TOR-Netzwerk, auch „Darknet" genannt. Sie indizieren nur Inhalte, die ihnen direkt angeboten werden. Wessen Seite also in einer solchen Suchmaschine erscheint, der will auch, dass diese Inhalte dort angezeigt werden. Zwei Maschinen gelten als der sogenannte „Goldstandard" bei der viel beschwörten „Darknet"-Suche. „Not Evil" bietet rudimentäre Suchdienste und ist unter der Adresse „hss3uro2hsxfogfq.onion" verfügbar.

„Torch" ist eine weitere Darknet-Suchmaschine, aufrufbar unter „xmh57jrzrnw6insl.onion". Für diese Suchmaschinen gilt, was generell für das „Darknet" gilt: Sie werden von einigen Rechercheuren völlig überbewertet, mit dem Nimbus des dramatisch-verwegenen Verbrechens belegt und entsprechend gehypt. Dabei kann man mit diesen Suchmaschinen auch nur die man Angebote finden, die man in jedem gut sortierten Bahnhofsviertel einer europäischen Großstadt eben auch erhält. Aber es funktioniert eben vom Schreibtisch aus und damit sehr viel bequemer. Viele Recherchen konnte ich nur deshalb erfolgreich abschließen, weil ich Zugriff auf Webserver mit der Top-Level-Domain .onion hatte. Die Zugriffsdaten stammten in fast allen Fällen von Informanten. Das war für die weiteren Recherchen wichtig. Suchmaschinen wie Torch oder Evil habe ich nur ganz selten eingesetzt, um mal nachzuschauen, ob ein Protagonist einer Recherche dort auftaucht und was er da so treibt. Das war pure Neugier und für die Recherche meistens auch nicht sehr ergiebig.

Analyse von Fotos und Videos

Manipulierte Fotos gehören zum politischen Alltagsgeschäft. Stalin hat es gemacht. Goebbels hat es machen lassen. Assad gibt fast täglich Manipulationen in Auftrag. Doch auch so mancher Landrat oder Bürgermeister lässt mit Retusche-Werkzeugen nacharbeiten, bevor er ein Bild an die Lokalpresse gibt. Der Einsatz von Bildverarbeitungssoftware lässt sich nachweisen, Fälschungen kommt man schon mit den in jeder Redaktion vorhandenen Bordmitteln auf die Spur. Allein: Oftmals fehlen Wille und Know-How.

Derzeit reißt zum Beispiel die Bilderflut aus Syrien mal wieder nicht ab. Mal zeigen die Fotos Dörfer nach einem angeblichen russischen Luftangriff. Die fotografierte Luftmine mit kyrillischen Buchstaben soll das belegen. Mal sind angeblich Angehörige der freien syrischen Armee zu sehen, die gerade Soldaten der Regierungstruppen massakrieren. Die Fotos stammen aus sehr unterschiedlichen Quellen. Und ein Großteil von ihnen ist erheblich manipuliert. So soll der jeweilige „Kriegsgegner" belastet werden. Es handelt sich also um reine Propagandabilder.

Da ist dann schon mal ein Aufständischer aus einem anderen Bild mit Photoshop herausgeschnitten und mitten in eine grausame Szene hineinmontiert worden. Mal wurde einem Soldaten der syrischen Armee eine Granate virtuell in die Hand gelegt.

Solches Material lässt sich schnell auch Echtheit überprüfen Journalisten, denen Fotos zugeliefert werden, sollten nicht nur bei Bildern aus Syrien kritisch prüfen, ob ein Manipulationsverdacht gegeben ist. Ein Blick auf die Metadaten der Bilddatei gehört dabei zu den ganz grundlegenden Dingen.

Jedes Bildverarbeitungsprogramm verrät zumindest, mit welcher Kamera das Foto wann mit welcher Blende aufgenommen wurde. Weiterhin lässt sich so in

P. Welchering, *Journalistische Praxis: Digitale Recherche*, essentials, https://doi.org/10.1007/978-3-658-30977-0_5

Erfahrung bringen, ob das Foto mit einem Bildverarbeitungsprogramm bearbeitet wurde und gegebenenfalls mit welchem. So haben zum Beispiel Bildauswerter der britischen Investigativ-Plattform Bellingcat zwei Satellitenfotos untersucht, die das russische Verteidigungsministerium auf einer Pressekonferenz am 21. Juli 2014 vorgelegt hat. Das „Bild 5" genannte Foto in einer hochauflösenden und einer normalen Fassung sollte belegen, dass zwei ukrainische BUK-Raketenwerfer südlich des Dorfes Zaroschenskoje in Schussposition zum abgeschossenen Malaysia-Airlines-Flug MH17 gestanden haben.

▶ **Tipp**

Schlag nach bei Bellingcat.

Wer sich in Sachen digitaler Forensik oder digitaler Recherche auf dem Laufenden halten will, dem sei der regelmäßige Besuch der Website bellingcat.com sowie der Bezug des dort offerierten Newsletters empfohlen. Einen ganz gut sortierten Werkzeugkasten stellt Bellingcat unter   https://docs.google.com/document/d/1BfLPJpRtyq4RFtHJoNp vWQjmGnyVkfE2HYoICKOGguA/edit zur Verfügung. Dass dafür ausgerechnet Google Docs gewählt wurde, ist natürlich nur mit Ironie des Schicksals zu erklären.

Das andere „Bild 4" genannte Foto sollte als Beweis dienen, dass in der ukrainischen Raketenwerfereinheit A-1428 nördlich von Donetsk ein BUK-Raketenwerfer fehlte. Die Erkenntnisse der Bildforensiker: Beide Bilder sind vor dem 17. Juli 2014 aufgenommen worden. Die Bilder sind mit Photoshop nachträglich verändert worden, sind also manipuliert worden.

Die Bellingcat-Forensiker haben sich zunächst die Metadaten angeschaut. Das sollte auch zum grundlegenden Repertoire in jeder Redaktion zählen. Mit der Prüfung der Metadaten der Bilddatei wurde ermittelt, dass ein Bild verkleinert, nämlich mit 600 mal 900 Pixeln abgespeichert wurde und dass es komprimiert wurde. Außerdem sind beide Bilder mit der Bildbearbeitungssoftware Photoshop aus der Creative Suite 5 bearbeitet worden. Damit lässt sich in der Tat nur nachweisen, dass die Bilder nachträglich bearbeitet wurden, also Manipulationen möglich sind. Nur wenn es sich um Kamera-Originaldateien mit allen Metadaten handelt, kann von einem authentischen Bild ausgegangen werden.

Häufig finden sich unter den Metadaten der Bilddatei auch Positionsdaten Mit deren Hilfe kann der Ort genau bestimmt werden, an dem die Aufnahme gemacht wurde. Damit wurde beispielsweise ein Bild als Fälschung entlarvt, das zeigen sollte, wie Angehörige einer kurdischen Einheit im irakischen Erbil von ihren Instrukteuren in gängige Foltermethoden eingewiesen wurden. Die in den Metadaten enthaltenen Positionsdaten belegten, dass das Foto in der Nähe des osttürkischen Städtchens Van aufgenommen worden war.

Weit über 200 Metadaten, aber auch weitere forensische Analysen liefert die Prüf-Plattform www.fotoforensics.com, auf die fragliche Bilder hochgeladen werden können. Die Ergebnisse stehen zumeist nach fünf bis zehn Minuten bereit und liefern zumindest Anhaltspunkte, ob weitere forensische Analysen sinnvoll oder sogar erforderlich sind. Die können dann von ausgebildeten Bildforensikern in Spezialagenturen gemacht werden. Auch empfiehlt es sich, zugelieferte Fotos mit anderen Bildern im Netz zu vergleichen. Nicht selten findet sich sogar das Original des zugelieferten gefälschten Bilds. Solch eine Vergleichssuche nennen die Fachleute „Reverse Image Search". Internet-Plattformen wie zum Beispiel tineye.com bieten das kostenlos an. Auch die reverse Bildersuche mit Google ist hier zu empfehlen. Wesentlich präziser als die Rückwärts-Bildersuche von Google arbeitet die russische Suchmaschine Yandex. Bei Fotos (unter Images) liefert Yandex extrem gut Ergebnisse bei der Gesichtserkennung. Bei Videos ist die Qualität in Sachen Treffsicherheit leicht besser als bei der Google-Reverssuche.

Doch auch diese sehr einfachen Fotoanalysen, die deutliche Hinweise auf Bildmanipulationen oder sogar raffinierte Fälschungen liefern, werden in den meisten Redaktionen einfach nicht gemacht. Viel zu viele Kollegen und Kolleginnen vertrauen einfach darauf, dass die eingereichten Fotos schon stimmen werden, oder berichten nicht über sensiblere Themen, bei denen Bild-manipulationen eher zu befürchten sind.

Geübte Bildforensiker prüfen bei Fotos standardmäßig das sogenannte Bildrauschen, typische Interpolationsmuster bei den Farben, die durch Kompressionen verursachten Blockartefakte und Abbildungsfehler vor allen Dingen in der Beleuchtung. Jeder Sensor in Digitalkameras reagiert näm-lich anders auf das einfallende Licht. Anders gesagt: Jeder Sensor macht seine ganz individuellen Fehler, die aber bei jeder Aufnahme, die mit diesem Sensor gemacht wurde, gleich sind.

Das führt zu einem spezifischen Rauschanteil im fotografierten Bild Eben dieser Rauschanteil ist über mehrere Aufnahmen einer Handykamera oder Spiegelreflexkamera ziemlich stabil, variiert aber von Gerätemodell zu Geräte-modell. Inzwischen existieren regelrechte Referenzrauschmuster der unterschied-lichen Kameramodelle, mit denen sich das Rauschsignal auf dem zu prüfenden Foto vergleichen lässt.

Damit kann der Rechercheur nicht nur überprüfen, mit welchem Kameramodell das Foto gemacht wurde, sondern auch, ob es Abweichungen im Rauschanteil gibt, die von Bildbearbeitungsprogrammen wie zum Beispiel Photoshop verursacht wurden.

Die Sensoren der digitalen Kameras messen nur die Helligkeit, Farbe erhält das Foto erst durch das Farbfilterfeld. Die Farbwerte werden dabei aus Helligkeits- und Temperaturwerten errechnet, interpoliert nennen die Fachleute das. Deshalb wird vom zu prüfenden Foto ein Interpolationsmuster genommen und mit den gängigen Mustern der Kameramodelle verglichen. Bereits die Stärke des vorliegenden Musters gibt Hinweise auf nachträgliche Bearbeitung.

Auch die auf einem Foto feststellbaren Schatten und Lichtbedingungen werden von den Forensikern genau untersucht. Zunächst wir dabei analysiert, woher das Licht in der Gesamtaufnahme kommt. Danach wird genau geschaut, ob es Bildteile gibt, die diesen Lichtbedingungen mit entsprechenden Schattenwürfen nicht entsprechen. Hat der Bildrechercheur es zum Beispiel mit einer Szenerie zu tun, die sich insgesamt unter wolkigem Himmel abspielt, und wird dieses diffuse Licht in einem Bildteil durch klar von rechts einfallendem Licht durchbrochen, weiß er, das hier eine Bildpartie aus einer anderen Aufnahme hineinkopiert wurde.

Die meisten Fotos werden im Dateiformat JPEG abgespeichert Das Formatkürzel geht dabei auf die Joint Photographic Experts Group zurück, die die Standards für dieses Dateiformat für Bilddateien entwickelt hat. Bilddateien, die als JPEGs abgespeichert werden, werden komprimiert. Und bei dieser Kompression entsteht eine eigene Dateistruktur, die sogenannte Blockstruktur. Werden Bildausschnitte in ein JPEG-Bild hineinkopiert, verändert sich die Blockstruktur der Datei. Diese Veränderung ist nachweisbar und kann nur durch pixelweises Kopieren vermieden werden. Das aber ist ein äußerst aufwendiges Verfahren der Bildmanipulation, das die meisten Foto-Fälscher scheuen.

Wird ein Bildteil aus einem komprimierten Bild in ein unkomprimiert gespeichertes Bild hineinkopiert, fehlen in der neu entstandenen Bilddatei bestimmte Bildblöcke. Das gilt auch für Kopien von Material aus unkomprimierten Dateien in JPEG-Dateien. So lässt sich zumindest nachweisen, dass montiert wurde. Am ehesten lässt sich das Einmontieren von Menschen über eine Analyse der Pixelwerte für Haare nachweisen. Denn Haare haben keine scharfen Konturen und lassen sich an den Rändern nicht scharf abbilden, sondern verlaufen regelrecht in den Hintergrund hinein. So wird das Haar von innen nach außen zunehmend transparent.

Wenn nun ein Kopf auf einen anderen Körper montiert wird, so werden vom Algorithmus marktgängiger Bildbearbeitungssoftware die Transparenzwerte für die einzelnen Haarpixel in der Regel unzureichend berechnet. Der Transparenzpixelwert für deckendes Haar müsste also von innen nach außen gleichmäßig abnehmen. Doch einzelnen Pixeln im Zielbild bleibt der volle Wert für die Sichtbarkeit zugeordnet, obschon sie sich am Außenrand der Haare befinden. Das ist ein weiteres sicheres Indiz, dass manipuliert wurde.

Generell hilfreich ist hier das Abarbeiten der Bild-Analysekette die einst das Federal Bureau of Investigation, also die Bundespolizei der Vereinigten Staaten entwickelt hat. In einem ersten Schritt wird die Physik des Bildes geprüft, also Schatten, Beleuchtung und Reflexionen. Hier ergeben sich die meisten Unstimmigkeiten, die dann zur Falsifikationsthese führen. In einem zweiten Schritt geht es um die Geometrie des Bildes: Sind die wahrzunehmenden Fluchtpunkte und Entfernungen im Bild stimmig? Der dritte Blick gilt der Optik, also entsprechenden Linsenverzerrungen. Grundrauschen und Farbfilterfehler überprüfen die FBI-Forensiker dann im vierten Arbeitsschritt, den sie „Analyse der Sensorfehler" nennen. Danach schaue sie sich fünftens die Metadaten des Fotos an. Zu den Metadaten zählen in vielen Fällen auch die von der Kamera gespeicherten GPS-Daten. Stimmen die nicht mit den vom Bildeinsender angegebenen Lokalitätsangaben überein, ist ein Fake hochwahrscheinlich. Schließlich erfolgt noch die umständliche und aufwendige Pixeluntersuchung, mit der nach kopierten Bildbestandteilen, Zuschneidungen und Skalierungen gesucht wird.

Jeffrey's Exif Viewer (regex.info/exif.cgi) **liest Metadaten nicht nur von Fotos,** sondern auch von Videos aus. Das ist ein sehr hilfreiches Werkzeug, um die Echtheit und Aussagekraft von Videos einschätzen zu können. Allerdings müssen diese Videos im Original vorliegen oder direkt heruntergeladen werden, damit sie mit solchen Tools forensisch untersucht werden können.

Immer wieder bleiben derartige Analysen ergebnislos, weil Faktenchecker in ihrem Eifer ein Video aus dem Web einfach grabben, also mitschneiden, und dann analysieren. Für die Umgebungsanalyse, die klärt, was auf dem Video zu sehen ist, ist das natürlich kein Problem. Anders sieht das bei Klärung der Frage nach dem Ursprung des Videos aus.

Wurde das nicht ordentlich heruntergeladen, wird die forensische Software die Frage nach der Quelle natürlich mit der dem Hinweis auf die eigene Grabbing-Software beantworten. Downloader wie zum Beispiel loader.to helfen beim direkten Herunterladen. Bei Twitter-Videos sind die Dienste von twittervideodownloader.com zu empfehlen. Eine recht große Bandbreite an

Social-Media-Plattformen bedient idownload.pro. Die Ladezeiten erfordern allerdings etwas Geduld des recherchierenden Anwenders.

Sehr zu empfehlen für die reverse Videosuche ist der Data Viewer von Amnesty International, der den Ursprungsort von unbekannten Videos zurückverfolgt, indem er die Videoinhalte und Metadaten mit den auf Youtube gespeicherten Stücken vergleicht. Er ist verfügbar unter citizenevidence.org/2014/07/01/youtube-dataviewer oder unter www.amnestyusa.org/sites/default/custom-scripts/citicenevidence.

Mit diesen Werkzeugen und einer Einzelbildanalyse wurde etwa nachgewiesen, dass das von Sarah Sanders, der Pressesprecherin von US-Präsident Donald Trump, im November 2018 veröffentlichte Video manipuliert war. Sanders wollte mit diesem Video beweisen, dass der CNN-Chefkorrespondent Jim Acosta sich während einer Pressekonferenz im Weißen Haus am 7. November 2018 unangemessen verhalten habe.

Acosta hatte auf eine ihm als nicht zufriedenstellend erscheinende Antwort des US-Präsidenten eine Nachfrage gestellt, die Trump nicht zuließ. Acosta weigerte sich, das Mikrofon abzugeben und berührte dabei den Arm einer Praktikantin, die ihm das Mikrofon abnehmen sollte. Trump und seine Pressesprecherin Sanders bezeichneten dies als unangemessene Berührung. Acosta wurde deshalb die Akkreditierung für Pressebriefings im Weißen Haus entzogen.

Diese Maßnahme wurde sehr kritisch diskutiert, woraufhin Sarah Sanders ein Video veröffentlichte, das die „unangemessene Berührung" belegen sollte. Der flüchtige Betrachter des Videos nimmt den Eindruck mit, Jim Acosta habe der Praktikantin auf den Arm geschlagen. Die Einzelbildanalyse ergab dann, dass das Video um die Dauer von drei Frames gestreckt worden war. Das Parlamentsfernsehen hatte das Pressebriefing und somit auch den Vorfall um Jim Acosta live übertragen. Der Vergleich zwischen dem Originalvideo von C-Span und dem Sanders-Video ergab, dass durch Einfügung von drei Frames die harmlose Berührung in der Bildabfolge wie ein Schlag wirkt.

Über das Video wurde heftig diskutiert. Dass das Video manipuliert wurde, konnte auch Sarah Sanders letztlich nicht mehr bestreiten. Über die Art der Manipulation hingegen konnte auch unter Journalisten kein Konsens erzielt werden. Jedenfalls wurde der Entzug der Akkreditierung von Jim Acosta gerichtlich aufgehoben.

Einzelbildanalyse – das klingt nach einem wahnsinnig aufwendigen und bombastischen forensischen Verfahren. Und in der Tat lassen sich allein mit dieser Methodennennung vor allen Dingen die Hierarchen in den Medienhäusern schwer beeindrucken. Dabei ist das Verfahren selbst recht einfach anzuwenden. Eine Kopie des zu untersuchenden Videos wird in eines der marktüblichen

Videoschnittprogramme geladen. An der kritischen Stelle wird die Datei dann eben nicht normal abgespielt, sondern mit dem Knopf „nächster Frame". Bei dieser Sichtungsmethode fallen dann „gestreckte Videos", also einkopierte Frames oder Bilder sofort auf.

Die Einzelbildanalyse ist im Augenblick auch noch die Methode der Wahl, wenn es darum geht, sogenannte Deep-Fake-Videos zu erkennen. Diese Videos sind gezielte Fälschungen, die mithilfe von neuronalen Netzen hergestellt worden sind. Die häufigste Manipulationsart besteht darin, gewünschtes belastendes Videomaterial in das Zielvideo so einzufügen, dass dort Geschehnisse und Handlungen gezeigt werden, die so nie stattgefunden haben und die in dieser Weise niemals aufgenommen oder gedreht wurden.

Oft geht es aber auch darum, bestimmte unerwünschte Inhalte aus einem Video zu entfernen. Das kann etwa ein störender Laternenpfahl sein, den man beim Filmen einer wunderschönen Kathedrale einfach übersehen hat. Das kann aber auch eine Kalaschnikow in den Händen eines Kriminellen sein, die dort nicht hingehört und aus dem Video entfernt wird, um zu beweisen, dass dieser Gangster zwar am Ort des Geschehens war, aber nichts Kriminelles gemacht hat.

Adobe hat dafür Manipulationssoftware im Rahmen des Projekts Cloak entwickelt, die enorm leistungsfähig ist. Ausgesprochen in Mode kommen gerade Videos mit Prominenten, in denen dem Prominenten Aussagen regelrecht „in den Mund gelegt werden", die er so nie getätigt hat. Auf solche Videos dürfen Journalisten natürlich nicht hereinfallen. Solche Fälschungen müssen erkannt werden. Um sie erkennen zu können, ist es extrem hilfreich zu wissen, wie solche Fakes eigentlich hergestellt werden.

Das gilt auch für sogenannte Fake Faces, die mit derselben grundlegenden Methode erstellt werden. Dies sind mit Künstlicher Intelligenz erstellte unglaublich gelungene Portraitfotos. Die Menschen zu diesen Portraits gibt es aber gar nicht. Die Grafikkartenherstellerin Nvidia hat vorgemacht, wie einfach es geht. Sie hat die Webseite thispersondoesnotexist.com ins Web gestellt. Zu sehen sind hier gut gemachte Portraits. Der sportliche Typ Mitte Dreißig, die Blondine mit dem leicht ironischen Grinsen oder der Geschäftsmann, Anfang 50, der äußerst seriös in die Kamera lächelt. Solche Fotos haben nicht wenige Journalisten für echte Portraits gehalten und die zusammen mit dem Foto eingesandte Geschichte gern geglaubt.

Die Idee dazu hatte der Programmierer Philip Wang. Der war ganz fasziniert von der Idee generativer Netzwerke. Dabei handelt es sich um neuronale Netze. Und diese generativen neuronalen Netzwerke spielen inzwischen viel besser Schach oder Go als Menschen. Und Philip Wang, der sich für schnelle Grafikkarten begeisterte, probierte ihren Einsatz einmal auf diesem Gebiet aus.

Er entwickelte ein Softwaresystem, bei dem ein neuronales Netzwerk aus vielen hunderttausenden Fotos von echten Menschen neue Portraits komponiert. Von einem Bild wird das Haar genommen, vom anderen die Nase, von einem dritten die Ohren.

Ist das neue Portrait aus diesen Bildbestandteilen zusammenkomponiert, dann prüft das zweite neuronale Netzwerk das so generierte Bild auf Anzeichen für Bildmanipulationen oder Fälschung. Findet das neuronale Netz Anzeichen für eine Fälschung, schickt es das Foto mitsamt der Manipulationsanalyse zurück an das erste Netz. Dieses neuronale Netz vergleicht die Manipulationsanalyse mit seinen Anweisungen für die Bildherstellung und korrigiert sie. Es lernt also, besser zu fälschen. Und so entstehen Portraits, die dem unbefangenen Betrachter als perfekte Fotos toller Menschen erscheinen.

Nur, dass diese Menschen gar nicht existieren. Und genau da liegt das Problem. Denn solche gefälschten Portraits werden dann als Belegfoto gern in die Redaktionen geschickt.

Auch die Modebranche, Werbefirmen und Kommunikationsagenturen interessieren sich dafür. So wollte der Designer Ingo Butsch zur Europawahl Video-Wahlspots mit künstlich generierten Menschen aus den neuronalen Netzwerken erstellen. Ihm kamen dann aber Bedenken. „Wir müssen erst noch lernen, mit solchen Möglichkeiten umzugehen", meint Ingo Butsch.

Erstmals vorgestellt hat der KI-Forscher Ian Goodfellow solche generativen neuronalen Netzwerke vor fünf Jahren. Goodfellow leitet heute die KI-Forschung bei Google. Aus dem generativen Ansatz wurden ziemlich leistungsstarke neuronale Netze entwickelt, die erst Schach, später Go spielten. Weil zwei Netzwerke hier gegeneinander angetreten sind, konnten diese ziemlich gute Spielstrategien entwickeln.

Das liegt vor allen Dingen daran, dass hier mit Erfolgswahrscheinlichkeiten gearbeitet wird. Denn jeder Spielzug wird auf seine Wahrscheinlichkeit hin berechnet, ob er das spielende neuronale Netzwerk zum Sieg führen wird. Da bei einem generativen Netzwerk zwei neuronale Netze zum Beispiel als Schachspieler gegeneinander antreten, lernen die beiden Netzwerke voneinander, wie sie die Erfolgsaussichten eines Spielzuges im Rahmen einer Spielstrategie besser und präziser berechnen können.

Neuronale Netze können also tolle Fotos und Videos machen Die beiden neuronalen Netze eines generativen Netzwerks zur Bilderstellung und – bearbeitung arbeiten dabei auch mit Wahrscheinlichkeiten. In diesem Fall liegen der Wahrscheinlichkeitsrechnung Abertausende von Pixeln eines Fotos zugrunde. Jeder Pixel kann bis zum 256 unterschiedliche Farbwerte haben. Je nachdem wie viele Pixel für die Erstellung eines virtuellen Portraits aus anderen Bildbestandteilen bearbeitet werden müssen, haben wir es mit 256 hoch 1000 oder 256 hoch 10.000 möglichen Bildalternativen zu tun, deren Komposition dann als fertiges Portrait dabei herauskommt.

Für jedes mögliche Bild muss dann die Wahrscheinlichkeit berechnet werden, ob es als Fälschung erkannt werden kann.

Für ein Foto oder den Frame eines Videos wird dann eine Wahrscheinlichkeit ausgegeben, die über eine Liste von 256 hoch 10.000 Wahrscheinlichkeiten definiert ist. Das zweite Netzwerk muss überprüfen, ob dieses virtuelle Foto, dieser virtuelle Frame echt oder falsch ist. Das macht es auch durch Wahrscheinlichkeitsrechnung auf der Grundlage der Farbwerte der Pixel. Wichtig ist dabei die Lernrate.

So kann etwa das zweite Netzwerk die berechneten Bilder oder Frames mit Bildern des Trainingsdatensatzes vergleichen und damit dann die konkrete Wahrscheinlichkeitsberechnung korrigieren. Bis ein wirklich perfektes virtuelles Portrait oder Video dabei herauskommt, wird das Bild mehrere hundertmal zwischen den beiden neuronalen Netzen hin und her geschickt.

Weltweite Beachtung erhielt ein Video, das Forscher der University of Washington produziert hatte, um die Leistungsfähigkeit dieser Methode zu demonstrieren. Sie legten dem ehemaligen US-Präsidenten Barack Obama frei erfundene Aussagen in den Mund. Die Zuschauer des Videos waren allesamt der festen Überzeugung, dass Obama diese Aussagen wirklich vor laufender Videokamera getätigt hatte.

Was für die Produktion solcher Videos gilt, gilt auch für die Faktenprüfung Generell lassen sich Deep-Fake-Videos ebenfalls mithilfe neuronaler Netzwerke erkennen. So haben Forscher der New York State University Albany ein selbstlernendes System entwickelt, das Fake-Fotos und Deep-Fake-Videos per Mustererkennung identifizieren soll.

Die ersten Ergebnisse sind ganz ermutigend. Allerdings sind solche Systeme noch nicht für den Einsatz in Redaktionen alltagstauglich. Hier müssen wir uns einstweilen mit bloßen Anhaltspunkten begnügen.

Bei Deep Fakes sehen die Gesichter oftmals ausgesprochen seltsam aus. Beim Abspielen eines Videos lässt sich ein Flackern feststellen, weil die Gesichtsmontagen nicht ganz gelungen sind. Augenbrauen überlappen sich manchmal oder sind massiv überzeichnet, weil Augenbrauen aus dem Ausgangsmaterial nicht sorgfältig „abgepixelt" wurde. Oftmals liegen die Haare unnatürlich, weil die neuronalen Netze sie rein nach Helligkeits- und Farbwerten komponiert haben. Auch die Übergänge vom Unterkiefer zum Hals sehen manchmal etwas kräuselig aus.

Bei den meisten Deep Fakes werden einfach Köpfe ausgetauscht Dabei hält sich die dafür benötigte Rechenzeit in Grenzen. Würde der Körper des Protagonisten mit einbezogen, könnten Deep Fakes nur noch in wochenlanger Arbeit in Höchstleistungsrechenzentren hergestellt werden. Die Produktionskosten wären exorbitant. Deshalb werden die Körperschnitte mehr oder weniger in das Bildmaterial hineinkopiert und vom Ausgangsmaterial übernommen.

Daher lohnt ein Blick darauf, ob das Gesicht zum Körper passt und die Körperhaltung zur geäußerten Mimik. Ein lachender Mensch, dessen Körper unbewegt bleibt, deutet auf eine Fälschung hin. Deshalb lohnt es sich auch immer, auf den Übergang vom Kopf zum Körper zu achten.

Neuronale Netzwerke etwa erkennen Tattoos nicht, wenn sie darauf nicht eigens trainiert wurden. So habe ich bei Videoanalysen Deep Fakes oft schon daran erkannt, dass das Tattoo aus dem Schulterbereich im Nacken abrupt endete und das Motiv unvollständig blieb. Auch das ist ein Hinweis auf eine Fälschung. Ein Wechsel in der Hautfarbe, Änderungen der Muskel-Kontur, ein unscharfer Mundinnenraum und fehlendes Blinzeln der Darsteller sind weitere Anzeichen.

Normalerweise blinzeln Menschen so alle vier bis acht Sekunden. Das Blinzeln selbst dauert den Bruchteil einer Sekunde. Die bisher für die Produktion von Deep Fakes eingesetzte Software ist auf Blinzeln noch nicht ausreichend trainiert. Deshalb findet es in Deep Fakes zumeist gar nicht statt. In selteneren Fällen, wenn das Blinzeln tatsächlich zu hohen Kosten nachträglich noch eingerechnet wurde, ist die Dauer des Blinzelns viel zu lang, deutlich über eine Sekunde.

Um alle diese Hinweise und Indizien auch wirklich bemerken zu können, schaue ich mir Videos dafür mit nur der halben Abspielgeschwindigkeit an. Außerdem achte ich stark auf die Lippensynchronisation und auf Atmo-Sprünge im Ton.

Hilfreich in diesem Zusammenhang ist auch zu recherchieren, wer ein bestimmtes Video als erster auf einer Social-Media-Plattform veröffentlicht hat. Über die Personenrecherche zum Account, lässt sich oftmals klären, in welchem Umfeld der oder die Betreffende agiert, und man bekommt heraus, ob es zum Video vielleicht noch umfangreicheres Quellenmaterial gibt.

Zum Glück sind Deep-Fake-Videos zurzeit noch immer sehr kurz. Die meisten weisen eine Abspiellänge zwischen 15 und 45 s auf. Das liegt daran, dass die Produktion sehr rechenzeitintensiv ist und die verfügbare Rechenzeiten bisher nur kurze Deep Fakes zulassen.

Services und Tools für die Faktenprüfung 6

Unverzichtbar ist die Analyse der Bildinhalte, wenn Videos oder Fotos geprüft werden. Stimmen die auf dem Foto oder Video zu sehenden Häuser, Fahrzeuge, Flaggen, Schriften oder Symbole bzw. auch die Kleidung mit dem Landesüblichen überein? Schon allein wegen eines falschen Ortshinweisschildes haben Journalisten Bildmaterial aus der Ostukraine als Fälschungen entlarvt und dann natürlich auch nicht gedruckt bzw. gesendet.

Ähnlich schnell lässt sich das am angeblichen Aufnahmetag herrschende Wetter am Ort der Aufnahme überprüfen. Behaupten die Einsender des Bildes zum Beispiel, das Bild sei in der nordafghanischen Provinz gemacht worden, und es zeigt sengende Sonne, lässt sich anhand der archivierten Wetterdaten leicht feststellen, ob das Wetter auf dem Bild den vor Ort herrschenden Wetterverhältnissen entspricht oder nicht.

Wichtig dabei ist der systematische Abgleich von Bildinhalten, um zu einer Einschätzung gelangen zu können, ob ein Video gefälscht ist. Einen wirklichen Verifikationsbeweis wird auch die Analyse der Bildinhalte letztlich nicht leisten können. Aber sie kann Fälschungen Stück für Stück ausschließen und so Wahrscheinlichkeitswerte für die Glaubwürdigkeitswerte liefern.

Genau darauf sollten sich Faktenprüfer auch beschränken: Es geht darum, Aussagen auf ihre sachliche Richtigkeit zu überprüfen. Solange für eine Aussage bestätigende Quellen angeführt und diese Quellen nicht falsifiziert werden können, gilt die Aussage als belegt. Das geht in der digitalen Recherche über die Beantwortung der berühmten W-Fragen (wer, was, wann, wo, wie, warum, woher – und als achte Frage: für wen relevant) hinaus. Denn hier geht es um das Ausschließen oder Aufdecken von Manipulationen.

Das war beispielsweise auch beim berühmten Chemnitzer „Hase-Video" so. Dort ist eine weibliche Stimme zu hören, die ruft: Hase, Du bleibst hier! Das

© Der/die Herausgeber bzw. der/die Autor(en), exklusiv lizenziert durch Springer Fachmedien Wiesbaden GmbH, ein Teil von Springer Nature 2020
P. Welchering, *Journalistische Praxis: Digitale Recherche,* essentials,
https://doi.org/10.1007/978-3-658-30977-0_6

Video zeigt eine Menschengruppe, die auf einen jungen Mann in Freizeitkleidung zugeht, der dann wegrennt. Angehörige dieser Gruppe rufen dabei: „Kanaken", „nicht willkommen", „haut ab". Und eine Frauenstimme sagt eben auch noch: „Hase, Du bleibst hier!"

Dieses Video ist am 26. August um 20:56 Uhr auf dem Twitter-Account „Antifa Zeckenbiss" veröffentlicht worden. Die Nutzer des Accounts beschreiben die zu sehenden Szenen als „Menschenjagd". Der damalige Präsident des Bundesamtes für Verfassungsschutz, Hans-Georg Maaßen bezeichnete das Video als Fälschung. Er nahm diese Aussage später zurück. Nach Maaßens Aussage hatte unser Büro die Aufgabe, das Video auf Manipulationen oder Fälschungen zu prüfen.

Nachdem die Prüfung der Metadaten und eine Einzelbildanalyse keine Hinweise auf Manipulationen ergeben hatten, erfolgte eine Prüfung der Bildinhalte. Die auf dem Video zu sehenden Plattenbauten, ein Parkplatz, eine Werbetafel, Verkehrsschilder, ein Lichtmast sowie ein Kirchturm konnten in Satellitenaufnahmen wiedererkannt und zugeordnet werden.

Im ersten Schritt setzten wir hier reverse Bildersuche ein, um Einzelbilder aus dem Video lokal zuordnen zu können. Im zweiten Schritt wurde dieses hypothetische Zuordnen mit Google Earth bestätigt. Der Blick auf www.google.com/intl/de/earth/versions liefert dabei hilfreiche Einsichten.

Das Video wurde von einem Standort in der Chemnitzer Bahnhofstraße an der Johanniskirche aufgenommen. Die Menschen sind sommerlich gekleidet. Sonnenstand und Schattenwurf wurden mit den Tools auf www.suncalc.org analysiert und ließen auf einen Aufnahmezeitpunkt am frühen Nachmittag des 26. August 2018 schließen.

Die von www.wolframalpha.com gelieferten Wetterangaben passten zur sommerlichen Videodarstellung. Insofern waren also keine Manipulationen zu erkennen. Da die reverse Bildersuche im Netz außerdem noch zu thematisch ähnlich gelagerten Videos führte, die an demselben Tag in Chemnitz gemacht worden waren und die Opferberatungsstelle Chemnitz bestätigte, dass mehrere Menschen am 26. August 2018 in Chemnitz aufgrund ihres Aussehens körperlich bedrängt worden seien, war die Wahrscheinlichkeit äußerst gering, dass es sich beim vorliegenden „Hase"-Video um eine Fälschung oder Manipulation handelte. Wir teilten der Redaktion mit, wir hätten das Video nicht falsifizieren können, also keine Indizien für eine Fälschung gefunden.

Für jedes digitale Dokument, egal ob Text-Datei, Video oder Foto, müssen im Rahmen der Faktenprüfung fünf Fragen beantwortet werden:

- Herkunft: Handelt es sich um ein Original-Dokument oder um ein bearbeitetes?
- Quelle: Wer hat das Dokument erstellt?
- Datum: Wann ist das Dokument erstellt worden?
- Ort: Wo wurde das Foto/Video aufgenommen, wo wurde der Text erstellt?
- Motivation: Warum ist dieses Dokument erstellt worden? Warum habe ich dieses Dokument erhalten?

Bei Text-Dateien hilft hier schon eine kurze Betrachtung der Datei mit einem Editor weiter, um zumindest zu überprüfen, mit welcher Software die Datei erstellt wurde. Zu empfehlen ist hier zum Beispiel der HxD-Editor. Inmitten des Buchstabensalats findet sich die Angabe „origin" oder „source" gefolgt von einem Versionseintrag der Software. Hilfreich ist dann auch hier die Betrachtung weiterer Metadaten, die die gängigen Textverarbeitungsprogramme, Office-Suiten oder Acrobat-Versionen bereithalten.

Immer wieder erstaunlich ist dabei, dass zum Beispiel auch Journalisten Dokumente, die sie von Informanten bekommen haben, in vielen Fällen nicht von Metadaten säubern. Den Namen des Informanten eines Kollegen, mit dem ich mich über Sicherheitsprobleme in der Telematik-Infrastruktur der Gematik auseinandersetzte, war unter dem Menuepunkt „Informationen" nach Aufruf des Dokuments, das mir der Kollege als von ihm recherchiert zugesandt hatte, mit Word nachlesbar.

Fehlende Metadaten sind deshalb auch kein Indiz für eine Manipulation bei Dokumenten, aber Metadaten, die nicht mit den Angaben des Dokumenten-Lieferanten übereinstimmen oder ihnen sogar widersprechen, sollten in jedem Fall Anlass zu weiteren Recherchen sein. Und die bestehen bei einer umfassenden Faktenprüfung immer aus begleitenden Nachforschungen zur Person, von denen der Journalist das Material erhalten hat oder der Quelle, die veröffentlicht hat. Dazu zählen außer den Social-Media-Accounts mit ihrer Link- und Follower-struktur auch Blogs und Web-Präsenzen.

Insbesondere bei Letzteren ist ein Blick in die Historie aufschlussreich. Den verschafft man sich am besten im Hauptstaatsarchiv des Internet, nämlich mit einer Wayback-Maschine wie archive.org. Hier kann sich der Netzrechercheur ansehen, wie eine Web-Site vor einigen Monaten oder Jahren ausgesehen hat.

Wayback-Maschinen erstellen zu unterschiedlichen Zeiten einen „Abzug" von nahezu allen Web-Sites. Je mehr Menschen eine solche Site oder Web-Präsenz besuchen, um so wichtiger erscheint sie dem Archivierungsalgorithmus dieser Wayback-Maschinen. Um so öfter wird dann eine Kopie der gesamten Web-Site mit allen ihren Texten, Bildern und anderen Angeboten erstellt.

Auf diese Weise lässt sich dann nicht nur nachvollziehen, ob bestimmte Beitragstexte im Nachhinein geändert worden sind, weil der ursprüngliche Text dem Autor dann doch zu peinlich war. Auch vor längerer Zeit veröffentlichte Fotos bringen so manches schöne Rechercheergebnis.

Archiviert werden von Wayback-Maschinen zumeist auch Kommentare zu Beiträgen auf einer Web-Site oder in einem Blog sowie Forumseinträge. So lassen sich nicht nur Diskussionen zu einem Thema auch später noch nachvollziehen, sondern sogar ganze Kommunikationsverläufe. Bei einigen politisch brisanten Themen hat das zu erstaunlichen Geschichten geführt.

So hatte ein anonymer Autor bereits im Jahr 2008 auf einem kommunalpolitischen Forum seinen Verdacht, dass im Rathaus einer beschaulichen schwäbischen Kleinstadt die Mail von Mitarbeitern überwacht werde, mit großem technischen Sachverstand geschildert. Ein Jahr später sind die recherchierenden Reporter via Wayback-Maschine auf diesen Eintrag gestoßen, konnten den Autor ausfindig machen und mit seinen Informationen einen mittelschweren Mail-Skandal aufdecken, über den noch wochenlang auch überregional mit großem Interesse berichtet wurde.

Für solche Recherchen müssen allerdings oftmals etwas umfangreichere forensische Werkzeuge eingesetzt werden. Dabei muss natürlich jede recherchierende Kollegin und jeder recherchierende Kollege selbst entscheiden, wie weit er oder sie beim Einsatz von Hilfsmitteln und Werkzeugen für die Internet-Recherche geht.

In rein technischer Hinsicht kann da inzwischen sehr weit gegangen werden. Forensische Werkzeuge wie Wireshark erlauben eine umfangreiche Netzwerküberwachung mit einer detaillierten Analyse aller Verbindungen von und zu einem bestimmten Datenport. Mit der Inspektion einzelner Datenpäckchen können zum Teil sehr vertrauliche Informationen gewonnen werden. Selbst die Überwachung verschiedener Internet-Knotenrechner mit allen darüber versandten Datenpäckchen stellt heute kein wirkliches technisches Problem mehr dar.

Auch bevor eine Internet-Protokolladresse nachverfolgt, getraced wird, sollte der Rechercheur darüber nachdenken, ob hier das Mittel der Verhältnismäßigkeit noch gewahrt ist. Die Europäische Datenschutzgrundverordnung hat direkte Tracing-Anfragen mittel ip-lookup.net oder netip.de schwieriger werden lassen. Wer ein berechtigtes Interesse an der Identität eines Domain-Besitzers hat, kann aber eine entsprechende Anfrage an das zuständige Network Information Center stellen. Journalistische Recherchen gehören zu den hier anerkannten berechtigten Interessen.

Rund zwei Dutzend Werkzeuge zur Recherche von IP-Adressen, Domain-Inhabern und URLs bietet viewdns.info. Hier ist auch ein Werkzeug fürs Tracerouting verfügbar, das aber in der Regel bereits von den meisten Betriebssystemen mitgeliefert wird. Traceroute kann über das Startmenue von Windows-Betriebssystemen und die Box „Ausführen" bzw. die Eingabe „cmd" für die Kommandozeile aufgerufen werden. Die Softwareroutine ermittelt dann die genaue Route, über die Datenpäckchen von einem bestimmten Rechner geschickt wurden und die gibt die IP-Adressen der beteiligten Rechner an.

Ebenso nützlich sind Werkzeuge, mit denen die Gültigkeit einer E-Mail-Adresse überprüft werden kann. Verify-email.org bietet das genauso wie ein eigenes Werkzeug, das unter viewdns.info aufrufbar ist.

Noch ein Tipp für die Kolleginnen und Kollegen, die sich beruflich oft mit Demonstrationen beschäftigen müssen. Oftmals weichen die Angaben bezüglich der Teilnehmerzahlen, die vom Veranstalter und von der Polizei zur Verfügung gestellt werden, erheblich voneinander ab. Kennt man das Demonstrationsgelände, kann man auf der Webseite www.mapchecking.com verschiedene Szenarien für Teilnehmerzahlen durchrechnen lassen. Das hilft bei der Glaubwürdigkeitsabschätzung der polizeilichen oder Veranstalter-Zahlen.

Schluss

„Meine Journalisten werden fürs Schreiben bezahlt und nicht fürs Hacken", begründete der Ressortleiter einer Zeitschrift die unterlassenen digitalen Recherchen. Im Laufe der weiteren Diskussion stellte sich dann allerdings heraus, dass die Redaktions-Hierarchen schlicht nicht wussten, was zu tun war und welche Internet-Recherchen vonnöten waren. Vor allen Dingen aber wollten sie genau das nicht zugeben. Dabei sind die wesentlichen Werkzeuge für digitale Recherchen in der Regel bereits in den Redaktionen vorhanden. Welche das sind und wie sie am besten eingesetzt werden, das habe ich in diesem Essential aufgezeigt.

© Der/die Herausgeber bzw. der/die Autor(en), exklusiv lizenziert durch Springer Fachmedien Wiesbaden GmbH, ein Teil von Springer Nature 2020
P. Welchering, *Journalistische Praxis: Digitale Recherche*, essentials,
https://doi.org/10.1007/978-3-658-30977-0_7

Was Sie aus diesem *essential* mitnehmen können

- Wie Sie gezielt auf Social-Media-Plattformen und in Blogs recherchieren
- Welche Suchmaschinen für welche Recherche geeignet sind und wie man mit ihnen am besten nach Informationen sucht
- Wie Videos und Fotos präzise und schnell analysiert und forensisch untersucht werden können
- Welche Werkzeuge bei der Faktenprüfung helfen, wie sie eingesetzt werden und warum Fact Checking so oft daneben geht
- Was und wie Journalisten im Darknet und dem Deep Web recherchieren können und warum Sie das nicht überbewerten sollten
- Wie alle diese Tools, Services und Werkzeugpakete in wichtigen Rechercheprojekten eingesetzt worden sind

springer-vs.de

Informantenschutz

Ethische, rechtliche und technische Praxis in Journalismus und Organisationskommunikation